Elogi(
Las Célula

¡Por fin! al mundo de los grupos celulares le ha sido entregado una investigación sólida que comprueba qué es lo que se necesita para crear grupos centrados en el evangelio, vinculados a las relaciones, evangelísticamente efectivos, que hacen discípulos y que se multiplican para los propósitos del Reino. Si eres un pastor general, pastor de células, miembro del grupo celular, ministro de escuela dominical o maestro de escuela dominical, te ruego que leas este libro, y luego haz lo que te dice que hagas. ¡Lee este libro primero! Hay una plétora de libros fantásticos escritos por algunos de los mejores pensadores del mundo de los grupos. Lee tantos de ellos como puedas. ¡Pero, LEA ESTE LIBRO PRIMERO! Este libro, sobre *Grupos Celulares que Florecen* desentierra investigación indiscutible que lo guiará a prácticas que crean grupos que realmente evangelizan y hacen discípulos. La visión que Dios me ha dado es ver, "Un pequeño grupo bíblico a poca distancia de cada persona en el planeta haciendo discípulos que hacen discípulos". El libro *Células Exitosas* revela la sólida investigación y las prácticas necesarias para ver esta visión convertirse en una realidad (Rick Howerton, autor, entusiasta de células y asesor de la Iglesia de la Convención Bautista de Kentucky).

"Todo líder de la iglesia desea promover grupos celulares saludables. Muchos tienen opiniones personales sobre lo que produce grupos celulares saludables. El desafío es saber realmente qué hace que los grupos celulares sean saludables. Esta es la razón por la cual el libro *Células Exitosas: 8 Hallazgos Sorprendentes sobre Grupos Celulares que Florecen* es tan valioso. Va más allá de las opiniones y corazonadas. Joel Comiskey y Jim Egli, utilizan hallazgos impulsados por la investigación para definir y describir los verdaderos elementos de grupos celulares saludables. Es una lectura obligatoria para cualquier persona involucrada en el ministerio de grupos celulares (Steve Gladen, Iglesia Saddleback, Pastor de Small Groups, Autor del nuevo libro, *Planning Small Groups With Purpose (Planificación de Grupos Celulares con Propósito)*.

La mayoría de nosotros que dirigimos grupos celulares vibrantes y saludables probablemente no sabemos por qué estos son tan vibrantes y saludables. Jim y Joel, a través de su amplia investigación develan esos elementos clave que contribuyen a esto. A medida que más líderes de células y pastores implementen estos hallazgos clave, Dios bendecirá el esfuerzo con grupos fuertes.

¡Necesitamos más libros en esta disciplina de grupos celulares que estén basados en la investigación! (Pastor Bill Search, Autor de *The Essential Guide for Small Group Leaders* and *Simple Small Groups* [*La Guía Esencial para Líderes de Grupos Celulares y de Pequeños Grupos Celulares*]).

¡Este libro representa todo lo que creo y practico acerca de dirigir grupos celulares de manera exitosa! Hace 23 años me enseñaron a hacer exactamente estas cosas y he pasado los últimos 23 años haciéndolo y enseñando a líderes celulares a través de mi ministerio a hacerlas también. El libro de Joel y Jim no es una teoría idealista sobre la forma en que se supone que deberían funcionar los grupos celulares, sino formas probadas y comprobadas de hacer bien el trabajo con los grupos celulares. Devora este libro y comienza a hacer todas las prácticas que sugiere. Ponlo en las manos de cada líder celular que conozcas. ¡Haz las cosas de esta manera y tus células serán exitosas! (Jay Firebaugh, Director de Small Groups, New Life Church (Iglesia Celular Nueva Vida), Gahanna / Columbus, Ohio)

Me encanta el énfasis en las células exitosas. A menudo, en el ministerio de grupos celulares, quedamos atascados en modo reaccionario—reaccionamos y respondemos a los problemas que van surgiendo. Pero Comiskey basado en una investigación, nos pide que consideremos cómo podemos de manera proactiva establecer grupos celulares para que sean exitosos y para que sean todo lo que deben ser. Esto conduce a tener relaciones saludables, un crecimiento espiritual abundante y a una conexión profunda con la misión encomendada por Dios (Amy Jackson, Editora Asociada de SmallGroups.com)

Leer el libro "Células exitosas" ha sido un paso significativo en mi travesía por las células. Con nuevos y poderosos análisis, este libro continúa el proceso de refinar y equilibrar mi visión del ministerio celular. ¡Esta es una lectura obligatoria para cualquier practicante celular, líder y pastor de células! (Andrew Mason, fundador de SmallGroupChurches.com).

Células Exitosas

Células Exitosas

8 Hallazgos Sorprendentes sobre Grupos Celulares que Florecen

Joel Comiskey
con Jim Egli

JOEL COMISKEY GROUP RESOURCING THE WORLDWIDE CELL CHURCH

Contenido

Dedicatoria

Para Celyce Comiskey (la mejor amiga de Joel y compañera de matrimonio/ministerio durante 30 años) y Vicki Egli (la increíble aliada de Jim en la vida y en el ministerio durante los últimos 40 años).

Reconocimientos

La figura oculta de este estudio es Wei Wang, un investigador de la Universidad Northwestern en Evanston, Illinois. Realicé el análisis estadístico de los datos que resultaron de encuestas completadas por miles de líderes celulares. El análisis de estos datos sirve de base para las sorprendentes conclusiones de este libro. Sin su ayuda, este libro no hubiera sido posible.

Eric Glover fue editor voluntario y pasó mucho tiempo revisando los detalles gramaticales de este libro. Ofreció correcciones detalladas sobre la puntuación y la estructura de las oraciones. Jim y yo realmente apreciamos su esfuerzo.

Brian McClemore editó rigurosamente del borrador final. Ofreció consejos detallados sobre la estructura de las oraciones, significado y cuestionó muchas generalizaciones. Escuchamos su consejo y cambiamos muchas oraciones como resultado de su excelente esfuerzo.

Rae Sholt Rae nos hizo observaciones perspicaces y correcciones críticas. Observó notas al pie vacías y pasajes de las Escrituras incorrectos, al mismo tiempo que sugirió pasajes adicionales. Ayudó a aclarar términos y oraciones poco claras. Jim y yo estamos muy agradecidos por su esfuerzo voluntario para perfeccionar este libro.

Jay Stanwood una vez más ayudó a simplificar declaraciones poco claras al mismo tiempo que proporcionó mejores alternativas. Proporcionó una edición gramatical completa del texto, y esta versión es mucho mejor debido a su edición.

Melissa Egli leyó un borrador inicial del libro y dio una visión amplia y general. Realmente apreciamos sus comentarios positivos en un momento en que el borrador era muy imperfecto. Su edición nos dio una perspectiva necesaria y confianza para seguir adelante.

Sue Standifer amablemente leyó la versión final y usó sus habilidades editoriales para eliminar errores y ofrecer valiosos consejos. Estamos agradecidos por su ayuda.

Scott Boren, nuestro editor principal, nos guio para comprender el panorama general y cómo organizar el material. Tomó un borrador muy complicado, empañado en citas y detalles innecesarios, y nos ayudó a navegar hacia el borrador final. Su experiencia nos guio durante todo el proceso, y estamos muy agradecidos por su edición.

Introducción

En 1990, mi esposa y yo nos mudamos a Sudamérica para servir como misioneros en Ecuador. Como parte de nuestra preparación, vivimos en Costa Rica durante un año para aprender el idioma español. Un nuevo amigo costarricense, Martin, me invitó a explorar una de las vastas selvas tropicales de Costa Rica. Nos subimos a un autobús, anduvimos millas en la espesa selva tropical, pasamos por un túnel largo, y luego Martin le pidió al conductor que nos dejara salir. Luego comenzamos a trepar sobre el túnel hacia el otro lado.

¿Qué hace que las células sean exitosas?

Introducción

Me sentí abrumado ya que estaba rodeado de árboles gigantes, plantas, pastos y la virgen ladera de la montaña. Era un mundo de exuberante vegetación, arroyos e insectos. Incluso tuvimos que huir de una colmena de avispones enojados mientras nos deslizábamos por una cascada. Finalmente, logramos llegar al otro lado, mojados, sucios y agotados.

Esta experiencia me abrió los ojos a la vida que florece. Este bosque tropical prístino y aislado es un entorno salvaje, húmedo y perfecto para que prospere la vida verde. Este libro trata sobre prosperar y florecer. Se trata de crear un entorno donde la vida tenga la oportunidad de extenderse de forma orgánica y natural en todas las direcciones. Al igual que el follaje verde necesita la mezcla correcta de sol, tierra y agua, las células exitosas requieren una atmósfera saludable. Lamentablemente, muchas células hoy en día no florecen. Cojean año tras año y finalmente cierran, deteniéndose antes de vivir la vida que Dios tiene para ellas.

> Las células vigorizantes comienzan por imaginar el tipo de célula que desean ser.

Al igual que en la selva tropical costarricense, las células exitosas no ocurren por casualidad ni simplemente porque la gente quiera que sus células prosperen. Las comunidades exitosas requieren una mezcla sobrenatural de oración y unción dirigida por el Espíritu que hace que todos puedan participar y que le abre las puertas a la presencia sanadora de Dios y a la vida vibrante que bendice a los demás. Este libro explora cómo tu célula puede ser exitosa.

Viviendo el Sueño en una Célula Exitosa

Imagina que eres parte de una célula exitosa. Lo que imaginamos o soñamos con respecto al tipo de célula que esperamos moldeará la manera en que formamos nuestros grupos celulares. Si deseas crear un jardín que dé vida, comienza imaginando el tipo de jardín que deseas.

En una célula exitosa, las personas se sienten amadas, aceptadas y abrazadas. Nadie se esconde detrás de temas religiosos o siente la necesidad de fingir para estar a la altura. Los miembros de la célula se ríen, lloran y se escuchan profundamente el uno al otro. El líder no impone sus métodos o controla

> *La célula es como una reunión de buenos amigos con la presencia de Jesús en medio de ellos.*

las reuniones celulares para intentar que la célula prospere. En cambio, él crea un lugar seguro para que todos puedan compartir. En lugar de largos monólogos sobre hechos del estudio bíblico, el líder eficaz es un facilitador que hace preguntas para que todos puedan participar. Aún más, hay tiempo y libertad para que las personas usen sus dones espirituales para que las personas puedan ser animadas y edificadas como lo dijo Pablo en 1 de Corintios 14.

La célula es como una reunión de buenos amigos con la presencia de Jesús en medio de ellos. A veces hay conversaciones difíciles, pero los miembros de la célula se comprometen a resolver cualquier problema.

Oro para que tu célula experimente esta visión. Donde ésta no llegue, debes saber que Dios sí, y puede dar vida. Tu célula no necesita continuar como lo está ahora. Se pueden trazar nuevos caminos que traigan nueva vida y nuevas esperanzas.

En Busca de Caminos de Éxito

La tarea de describir una célula exitosa motivó a Jim Egli y a mí a estudiar la diferencia entre una reunión regular y corriente y una célula vigorizante que es más que una reunión religiosa. Encuestamos a 1,800 miembros y líderes celulares de todo el mundo. Esta información se agregó a la investigación previa de Jim de más de 3,000 líderes celulares. Los detalles del diseño de la investigación y los datos se incluyen en el apéndice para aquellos que estén interesados en dichos asuntos.

Aunque Jim y yo hemos trabajado con células desde hace más de cinco décadas, nos sorprendió lo que encontramos. Algunas de las conclusiones parecían ir en contra de la lógica y desafían la comprensión común sobre lo que hace que una célula funcione bien. Simplemente seguimos la evidencia y ahora compartimos lo que descubrimos.

> La mejor manera de multiplicar una célula es desarrollar el potencial de cada miembro.

La mayoría de los libros sobre grupos celulares están escritos para líderes de células o pastores. Si bien este libro tiene mucho que decir a los líderes, también queremos que aliente a los miembros de la célula. Después de todo, cada miembro es un líder potencial, y, de hecho, las mejores células permiten que cada persona dirija partes dentro de las reuniones celulares. Alguien tiene que asumir la responsabilidad, pero los mejores líderes son jugadores de equipo y ven a cada miembro como un participante activo y un líder potencial. La mejor manera de multiplicar una célula es desarrollar el potencial de cada miembro.

Caminos Sorprendentes

Cuando era un niño vivía en Long Beach, California y me encantaban los viernes. Cuando volvía a casa de la Escuela Primaria Emerson, sabía que mi madre me sorprendería al esconder una barra de chocolate, un Twinkie u otra delicia debajo de mi almohada. Este libro es sobre sorpresas. Son descubrimientos sorprendentes que van en contra de suposiciones comunes sobre lo que hace que las células crezcan y prosperen. Estas sorpresas incluyen:

• Quién tiene pertenencia de una célula exitosa—capítulo 1.
• Cómo funciona el evangelismo celular—capítulo 2.
• Qué hace a un gran líder celular—capítulo 3.
• Cómo la comunidad influye en el evangelismo—capítulo 4.
• Cómo el evangelismo influye en la transparencia—capítulo 5.
• Por qué la adoración es fundamental en la célula—capítulo 6.
• Por qué es crucial que el líder ore—capítulo 7.
• Cómo la persistencia, o la falta de ella, influye en la vida celular—capítulo 8.

¿Qué sorpresa (s) llamó tu atención? Siéntete libre de omitir algunas cosas y deja que tu curiosidad moldee tu aprendizaje.

¿Qué Necesitas Fortalecer?

Mientras lees este libro, notarás lugares donde tu célula no está floreciendo o prosperando. Ninguna célula es perfecta, pero puedes hacer ajustes, sumergirte en oración y mantenerte en rumbo. Dios está obrando en tu célula ya sea que lo veas ahora o no.

Al final de cada capítulo, hay preguntas de repaso. Tómate el tiempo para repasar estas preguntas individualmente o con tu célula para determinar en qué áreas particulares se debe mejorar.

También te recomendamos que visites nuestro sitio web (www.thrivingsmallgroups.com) que cuenta con una herramienta gratuita de evaluación que te ayudará a determinar el estado de tu célula. Después de completar la encuesta, encontrarás un gráfico que resalta las áreas fuertes y débiles de tu célula, según lo medido por:

> *Dios está obrando en tu célula ya sea que lo veas ahora o no.*

- Oración/Adoración
- Alcance y Evangelismo
- Cuidado de los unos por los otros
- Empoderamiento de nuevos líderes

Jim Egli ha dedicado veinte años en perfeccionar la investigación y las aplicaciones prácticas que encontrarás en thrivingsmallgroups.com. La buena noticia es que es gratis y te ayudará a señalar las áreas en las que debes trabajar.

Nuestra oración es que este libro te brinde perspectivas prácticas y alentadoras. ¡Que tu célula prospere a medida que te adentres más y más profundamente en todo lo que Cristo tiene para ti!

thrivingsmallgroups.com

1
Cambio de
Mi Célula a Nuestra Célula

Como parte del liderazgo en mi iglesia, visito reuniones celulares para apoyar lo que Dios está haciendo en la vida de los líderes y miembros. Dos reuniones se destacan vívidamente debido a su marcado contraste. Cuando me senté en la primera reunión, el líder la trató como un mini culto. Comenzó con la pregunta rompehielos, pero solo dejaba que uno o dos compartieran antes de avanzar rápidamente. Después de la adoración, abrimos las Escrituras. Con una Biblia en una mano y un documento que parecía un manuscrito en la otra, el líder

Los miembros de una célula exitosa se adueñan de la célula

procedió a dominar la reunión durante los siguientes 40 minutos. Él respondió sus propias preguntas e incluso controló el tiempo de oración final. Honestamente, no podía esperar para salir de allí, y por la expresión de los rostros alrededor de la habitación, no era la única persona que se sentía así.

La segunda reunión fue una experiencia bastante diferente. En realidad, no quería que terminara. Cuando se hizo la pregunta rompehielos, por cierto, no la hizo el líder, todos compartieron respuestas graciosas. Otro miembro de la célula nos guio en un simple momento de adoración. Luego, el líder abrió la discusión de la lección.

Mientras dirigía esta parte de la reunión, él solo hablaba el treinta por ciento de las veces.[1] Hubo muchas preguntas e interacción. Incluso nos detuvimos en medio de la discusión y oramos por uno de los miembros. Luego, cada miembro expresó sus necesidades personales

> **¡Los líderes no tienen que hacer todo!**

en el tiempo de oración. Al final, nos retiramos a la cocina para tomar un refrigerio y hablamos durante otros treinta minutos. El líder finalmente le dijo a la gente que teníamos que honrar al anfitrión y partir porque el día siguiente era día de escuela. De lo contrario, creo que la gente se habría quedado mucho más tiempo.

Estas historias muestran dos experiencias celulares totalmente diferentes y dos formas muy diferentes de dirigir células.

Desprendiéndose de la Imagen Atlas

Según la leyenda, el mítico dios Atlas se vio obligado a sostener los cielos como un castigo especial. Atlas no podía darle su tarea a nadie más; descansaban sobre sus hombros y solo sobre él. Tristemente, muchos líderes imitan gustosamente a Atlas y prefieren trazar su propio curso sin la ayuda de nadie más. Las culturas individualistas, como las de Norteamérica, estiman a los que "se impulsan por sí mismos". Prefieren estar cargados como Atlas que recibir ayuda de nadie.

Recuerdo a una líder en Australia que me dijo que no sentía que nadie en su célula estuviera calificado mientras describía de manera burda que sus miembros tenían problemas mentales. Todo dependía de ella porque los de la célula eran débiles, indefensos e incluso peligrosos sin su control. Al igual que Atlas, tuvo que mantener a los miembros juntos por sí misma. Nadie estaba calificado para ayudarla a llevar esta carga.

Sin embargo, hay otro camino que funciona mucho mejor y hace que las células sean exitosas. Fred ilustra esto. Se preparó diligentemente toda la semana para su célula de jueves por la noche. Todos esperaban que diera una enseñanza exegética de la Biblia, opiniones de comentaristas e ilustraciones.

En realidad, sucedió todo lo contrario. Fred habló muy poco esa noche. Pidió a otros que dirigieran partes de la reunión y lo ayudaran a dirigir la discusión bíblica. Cuando habló, extrajo información de otros. Aunque había escudriñado el pasaje bíblico una y otra vez, él guio a la célula a desenterrar los tesoros. Acribilló a cada persona con preguntas que los obligaron a profundizar en el texto. Colocó la carga en medio de la célula y otros la recogieron.

> ¡Los líderes autosuficientes matan la vida celular!

El Hallazgo Sorprendente:
Los Miembros Crean Células Exitosas

En mi conversación con la líder de una célula en Australia, la animé a reconocer al Espíritu Santo en cada miembro y a soltarlos para el ministerio. Ella siguió mi consejo y la célula cobró vida. Cambió de ser su célula a ser la célula de sus miembros. Después de aprender a empoderar a los demás, finalmente sintió la libertad de comenzar otra célula, sabiendo que los miembros habían sido entrenados y podían continuar sin ella.

Las células exitosas se caracterizan por la frase "nuestra célula" en lugar de la célula de Tom o la célula de Betty. Los miembros se hacen cargo de la visión y la dirección del grupo celular y el líder es el facilitador que moviliza a los miembros. Las células vigorizantes involucran a todos porque los líderes se niegan a hacer todo. Los miembros son dueños de la célula y hablan de ella como su célula.

Las células exitosas no tienen a una persona como superestrella. Los miembros no están mirando a Joe ni a Tammy para hacer todo. La experiencia celular no es una repetición de la experiencia del domingo por la mañana, donde una persona predica y otras se sientan y escuchan. Más bien, los miembros experimentan la libertad de ministrarse unos a otros. La gente se sienta en círculos, no en largas mesas o en líneas opuestas. Hablan el uno con el otro y permiten que el Espíritu obre en medio de ellos.

> **La célula NO es una repetición de la mañana del domingo**

Les hicimos preguntas a los líderes celulares para comprender cuánto facultaron a los miembros en lugar de hacer todo ellos mismos. Aquellos líderes que activamente involucraron a sus miembros, delegaron responsabilidades e inculcaron la mentalidad de "nuestra célula" tenían muchas más probabilidades de producir nuevos líderes y nuevas células que los líderes dominantes y controladores, como lo indica el siguiente gráfico.

Las Células Exitosas Producen Más Líderes

% de Células que han producido al menos un nuevo líder

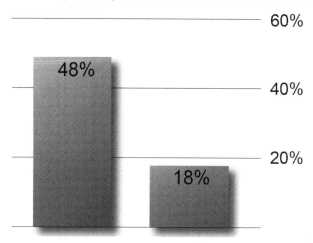

60%

48%

40%

20%

18%

**Líderes con fuerte empoderamiento vs.
Líderes con débil empoderamiento**

La palabra *Facilitador* describe la función del líder de empoderar a cada miembro para que se desarrolle y crezca. Los sinónimos de *empoderamiento* incluyen habilitación, permiso y aprobación. Los facilitadores alientan a las personas a salir, intentar cosas nuevas e incluso abrazar la idea de cometer errores mientras comparten, usan sus dones y contribuyen a la vida celular.

Cuando los líderes abandonan la célula, los miembros tienen la confianza para continuar la célula con la ayuda del Espíritu Santo. Sobre todo, los miembros han aprendido a depender de Dios.

Cuando Brent ingresó por primera vez a la célula, él era un desastre: temeroso, nervioso e inseguro. No estaba

23

acostumbrado a comunicarse con los demás y sentía que tenía poco que compartir. A lo largo de los años de sentarse en la iglesia el domingo, se había condicionado a sentarse, escuchar, asentir con la cabeza, hablar con algunas personas después del culto de adoración de la iglesia, y luego irse a casa. Él amaba a Jesús, pero tenía poca comunión e interacción con los demás.

Cuando se unió por primera vez a la célula, todos notaron su vacilación. Pero lo amaron, lo animaron y le dijeron que se relajara y se divirtiera. Semanas y meses pasaron. Brent pronto se dio cuenta de que estaba en un grupo de creyentes de ideas afines que lo amaban y le deseaban lo mejor. Él podía ser transparente con ellos sin sentirse juzgado. La célula lo animó a participar y su confianza creció. Pronto estuvo dirigiendo las diferentes partes de la reunión celular e incluso la lección misma. Se hizo evidente que Brent tenía el don de la enseñanza y a menudo lo usaba para compartir. Brent incluso aprendió a compartir de su fe cuando la célula salió a la comunidad para orar con aquellos que tenían necesidades. Brent rara vez se perdía una reunión e incluso llegaba temprano. La célula se convirtió en una segunda familia para Brent, y en muchos sentidos, en una familia más íntima.

> **Las células que involucran a todos no tienen problemas para mantener a sus miembros**

Las células que involucran a todos no tienen problemas para mantener a sus miembros. Al igual que Brent, los miembros no quieren perderse ni una sola reunión. La célula se convierte en su familia porque son amados y aceptados por lo que son. Como muestra el siguiente gráfico, estas células pueden mantener a sus miembros porque los asistentes se sienten como en casa.

Empoderar a Otros Añade Miembros

% de Células que Han Añadido 4 o Más Miembros

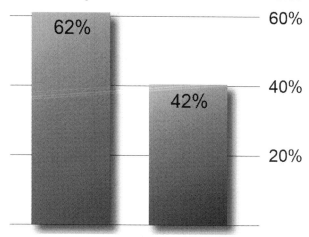

Líderes con fuerte empoderamiento vs. Líderes con débil empoderamiento

Incluso los recién llegados pronto están hablando de "nuestra célula". Una de las razones es porque el líder es rápido para preguntarse "¿qué piensan los demás?" sabiendo que las células exitosas avanzan como un equipo, en unidad y unidad de propósito. *El hecho es*: la gente quiere ser parte de "nuestra" célula, no "tu" célula.

Nadie al Margen

En nuestra investigación, encontramos que una afirmación se correlacionaba con las células no saludables: "Me gusta dirigir toda la reunión celular por mí mismo". Esta es una sentencia de muerte para las células. Convierte a los miembros en oyentes pasivos, esperando que se sienten en otra reunión más. El líder crece a medida que él o ella ministra, pero los oyentes no tienen la oportunidad de ejercitar sus músculos espirituales. Pero cuando la célula cambia a nuestra célula, todos se apropian y trabajan para ayudar a la célula a prosperar y crecer. Esto requiere tiempo, oración y esfuerzo.

> *La realidad es que hay mucho trabajo para que un líder haga todo solo*

La realidad es que hay mucho trabajo para que un líder haga todo solo. Considera las presiones que el líder de célula se impone cuando acepta la afirmación "Tengo que hacer todo el trabajo".

- Preparar y dirigir todas las diversas partes de las reuniones semanales, para que se vea todo muy bien hecho y profesional.
- Personalmente alcanzar a todos los amigos perdidos para Cristo.
- Reunirse con todos los miembros de la célula con la mayor frecuencia posible para guiarlos y discipularlos para ser creyentes fuertes.
- Capacitar a un pasante o aprendiz pidiéndoles que observen lo que haces para que, cuando tengan su propia célula, sepan qué hacer.

Quienes empoderan a sus miembros los preparan para que participen activamente, sean parte de un equipo de liderazgo y, con el tiempo, formen parte de una nueva célula. Ellos entienden que la célula es un excelente lugar para preparar discípulos que hacen discípulos. No tienen miedo de pedirle a María que dirija el rompehielos o a invitar a Jim a dirigir la adoración. Finalmente, les dan libertad a otros para dirigir la lección. Saben que las personas aprenden mejor "haciendo el trabajo", por lo que permiten con alegría que los miembros se involucren.

Kim y Kim Cole (¡sí, tanto el esposo como la esposa tienen los mismos nombres!) Aman las células y han sido parte de una iglesia en Pensilvania que se enfocó en las células desde finales de los años ochenta. Escuché tanto sobre esta pareja a través del pastor principal que asumí que debían ser dinámicos, talentosos y muy dotados.

Cuando nos conocimos, me sorprendí al notar lo poco pretenciosos que eran. Rechazaban los roles de liderazgo público y ciertamente no eran superestrella. Compartían libremente sus debilidades y luchas con sus células. He tenido el privilegio de hablar con los Cole en diferentes ocasiones e incluso asistí a sus reuniones celulares dos veces.

Los Cole animaron a otros a convertirse en participantes activos. Le piden a cada miembro que dirija el rompehielos, la adoración y la lección. Se alternan entre los miembros dispuestos, animando a cada persona a practicar cada aspecto de la vida celular. Incluso se rotan las casas entre los miembros que están dispuestos a hacerlo, queriendo dar

> Compartían libremente sus debilidades y luchas con sus células

a cada persona la oportunidad de practicar la bendición de la hospitalidad. Los Cole simplemente participan como el resto de la célula y se quedan principalmente tras bambalinas.

En contraste, algunos líderes se instituyen a sí mismos como el hombre o la mujer de la respuesta bíblica. Nadie más sabe tanta verdad bíblica como ellos. La célula se convierte en un tiempo de estudio. Se espera que los miembros se sienten y escuchen. Visité una célula en la cual la líder recitó varias palabras griegas. "¿Está tratando de impresionarme con su conocimiento?", pensé. Noté algunos libros de comentarios gruesos en el piso, y ella los citó generosamente, enseñando el 90 por ciento de la lección. Cuando otros se atrevieron a comentar, ella les daba la palabra vacilando. Sin embargo, ella rápidamente los cortaba, prefiriendo su propia voz autoritaria.

Algunos pastores en realidad promueven esta práctica al colgar grilletes educativos a sus legos, esperando que pasen por largos períodos de educación antes de dirigir o incluso ministrar en una célula. Este enfoque tiene dos errores fatales. En primer lugar, no reconoce que el mejor aprendizaje se capta, no se enseña. Aprender a dirigir es un proceso, por lo que los líderes potenciales no pueden ser "perfeccionados" antes de ser enviados al ministerio.

> **Los líderes potenciales no pueden ser "perfeccionados" antes de ser enviados al ministerio**

Los líderes obtienen experiencia vital a medida que cometen errores, reflexionan sobre ellos y trazan las correcciones a mitad del camino. La célula es el laboratorio perfecto para desarrollar liderazgo.

El segundo error se refiere al trabajo del Espíritu Santo. Una filosofía que se basa en el entrenamiento formal para el liderazgo celular a menudo minimiza el poder y la confianza en el Espíritu Santo. Toma el ejemplo del apóstol Pablo. Durante el primer siglo, Pablo estableció iglesias en todo el Mediterráneo y las dejó en manos de cristianos relativamente nuevos.[2] ¿Por qué? Él confió en el Espíritu Santo para obrar a través de estos jóvenes líderes.

La Manera Como Jesús Empoderó

Jesús enseñó a la multitud, pero pasó la mayor parte del tiempo ministrando a sus discípulos. Esto puede parecer contradictorio. ¿Por qué no pasar la mayor parte del tiempo con la mayoría de personas? ¿Por qué priorizar un grupo de doce? Jesús sabía que el tiempo interactivo y de calidad con unos pocos aseguraría que su movimiento continuara después de que Él se fuera. Enseñarles en medio de una multitud mientras se sentaban y escuchaban no era suficiente para prepararlos por completo. Él necesitaba que partici-

> El tiempo de calidad con unos pocos aseguró que el movimiento de Jesús continuaría después de que Él se fuera

paran y aprendieran de sus experiencias. Así es como se forman los cristianos empoderados.

Jesús no solo enseñó a sus discípulos acerca de la oración. Más bien, les dio poder para orar al permitirles verlo en la práctica. Cuando los discípulos finalmente le preguntaron qué estaba haciendo, aprovechó la oportunidad para enseñarles sobre la oración (Lucas 11: 1–4). En lugar de ofrecer una clase sobre hermenéutica o exégesis, Jesús citó las Escrituras en su diálogo y luego les explicó el significado de las Escrituras (66 referencias del Antiguo Testamento en su diálogo con los discípulos).

Lo mismo es cierto con el evangelismo. Jesús evangelizó a las personas en presencia de sus discípulos y les instruyó a ellos después. Él los envió a aplicar lo que les enseñó. En una ocasión, los discípulos le dieron un informe a Jesús sobre su gira evangelizadora: "Señor, hasta los demonios se nos someten en tu nombre" (Lucas 10: 17). Jesús aprovechó la oportunidad para instruirlos más y ofrecer más pautas: ". . . no se alegren de que puedan someter a los espíritus, sino alégrense de que sus nombres están escritos en el cielo" (Lucas 10: 20). Cristo sabía que la información teórica separada de la experiencia práctica tendría poco valor duradero.

Cristo estaba constantemente revisando las experiencias de sus discípulos y luego ofreciendo comentarios adicionales (Marcos 9: 17-29; 6: 30-44). Su patrón fue:

- Dar a los discípulos experiencias y permitirles hacer observaciones personales.
- Usar las experiencias y observaciones como punto de partida para enseñar una lección.

Las personas aprenden mejor cuando hacen las cosas, pero no se les debe dejar solos. Necesitan supervisión y orientación personal para continuar con el trabajo de manera efectiva.

Jesús eligió el entorno celular para que todos participaran y nadie permaneciera al margen. Animó a sus discípulos a ministrar en los hogares (Lucas 9 y 10), y después de Pentecostés, sus discípulos se reunieron de casa en casa, donde todos podían participar y usar sus dones espirituales (1 Pedro 4: 9).

> **Jesús eligió el entorno celular para que todos participaran y nadie permaneciera al margen**

Las células son el escenario perfecto para que todos puedan participar y crecer.

Empoderar a tus miembros creará pertenencia dentro de la célula y convertirá a tu célula en un grupo celular dinámico y exitoso.

Facilita

Recién salido de la escuela bíblica en 1981, le pregunté al pastor de mi iglesia local en Long Beach, California, si podía enseñar un estudio bíblico (¡anhelaba mostrar mi recién adquirido conocimiento de la escuela bíblica!). Cada martes por la noche, reunía a un grupo de personas en la pequeña librería de la iglesia para enseñarles la Palabra de Dios. No preparaba preguntas, ni esperaba que los asistentes participaran. Quería que los presentes escucharan lo que tenía que decir más de lo que quería escucharlos a ellos. Aún no había aprendido el valor de facilitar.

Quizás estás llamado a enseñar o predicar. Busca oportunidades para usar tus dones. ¡Solo recuerda que la reunión celular no es el lugar para practicar este don! Tu trabajo es fomentar la participación entre los miembros de la célula. El enfoque de la célula es la aplicación personal del conocimiento

> *Tu trabajo es despertar la participación entre los miembros de tu grupo*

bíblico a la vida diaria. Es un momento en el que suceden la confesión, la sanidad interior, el intercambio transparente y la renovación.

Los grandes líderes funcionan como facilitadores que sirven a la célula y empoderan a los miembros para que gocen de Dios y de los demás. En lugar de ejercer influencia sobre la célula, el líder, con humildad, se dirige a ellos en cada oportunidad. La alegría del líder es empoderar en lugar de impartir conocimiento.

Los líderes efectivos alientan a los miembros de la célula a hablar sobre lo que piensan. Ellos empoderan a los miembros de la célula a través de la escucha activa. Se dan cuenta que un objetivo importante del grupo celular es formar a cada miembro a través de la escucha activa que resulte en la edificación. El líder podría preguntar: "¿Qué piensan los demás?". Se les pide a todos los miembros que respondan y agreguen nuevas ideas. Después de que todos hayan tomado su turno, el líder puede resumir los comentarios de la célula.

Los Líderes Empoderan a Otros

La definición de "facilitador" es hacer más fácil. El papel del líder es facilitar que otros participen. La comunicación en el aula se lleva a cabo entre el alumno y el maestro (pregunta-respuesta). El maestro imparte información mientras los estudiantes toman notas. La comunicación en una célula fluye entre todos los miembros.

> **El líder no es pasivo, sino escucha y permite que otros compartan**

Elizabeth, miembro de la célula, tiene la misma libertad de dirigir sus comentarios a John, un miembro de la célula, como a Jane, la líder de la célula. A menudo, el líder simplemente observa la comunicación que está teniendo lugar.

El líder no es pasivo, sino escucha y permite que otros compartan. Un líder interactúa al igual que otros miembros de la célula, compartiendo reflexiones personales, experiencias y modelando transparencia.[3]

Los líderes minan diligentemente las riquezas de la Palabra de Dios con el propósito de capacitar a los miembros para que descubran el tesoro de Dios por sí mismos. Ellos saben cómo estudiar la Biblia, pero el fruto de su estudio resulta en una mayor participación.[4]

Los Líderes Aprenden Mientras Dirigen

No esperes demasiado para usar tus dones y talentos. No puedes crecer a menos que ejercites tus músculos a lo largo del camino. Un granjero quería entrar en el mundo de las carreras de caballos, por lo que compró un hermoso caballo de carreras. Todos los días lavaba al caballo y lo acicalaba. No quería ejercitar al caballo por miedo a desgastarlo, por lo que utilizó su mula fiel para realizar las tareas agrícolas. El día de la gran carrera, su caballo de premio apenas podía moverse. Sus músculos estaban flácidos y atrofiados. El granjero no tuvo otra opción que inscribir a su mula en la gran carrera.

No te sientes al margen esperando la gran carrera. Las personas aprenden mejor mientras practican lo que están aprendiendo. Algunos piensan que es mejor esperar hasta que realmente conozcan la Biblia. "Nunca tendrás suficiente conocimiento de la Biblia", les digo. "Incluso los maestros bíblicos altamente calificados y reconocidos están continuamente aprendiendo".

> **Las personas aprenden mejor mientras practican lo que están aprendiendo**

Otros piensan que deben esperar hasta que estén listos para responder cualquier pregunta. "No necesitas responder cada pregunta", les digo. De hecho, animo a dar esta respuesta a las preguntas difíciles: "No estoy seguro de cómo responder esa pregunta, pero voy a buscar la respuesta esta semana, y me pondré en contacto contigo". Esta humilde postura creará confianza entre tú y tus miembros. Durante la semana, puedes estudiar la Biblia, leer comentarios de la Biblia y acudir a tu supervisor o pastor para pedir ayuda.

Los Líderes no son Maestros de la Biblia

Muchos conceptos erróneos abundan sobre el liderazgo. Muchos todavía creen que las células y los estudios bíblicos son la misma cosa. Para muchos, los líderes celulares son maestros de la Biblia. La realidad es que pocos líderes de células están calificados para enseñar. Los mejores líderes celulares son facilitadores que comparten de manera transparente sus vidas con aquellos en sus células, orando siempre para que Cristo se manifieste de una nueva manera dentro de cada persona. Tal vez estaríamos más dispuestos a dar libertad a los líderes si recordáramos que la tarea del líder celular es facilitar. La descripción del trabajo de un facilitador se enfoca más en guiar el proceso de comunicación, orar por los miembros, llamar, visitar y alcanzar a los perdidos para Cristo. Los líderes están capacitados para guiar las discusiones, animar a los demás y crecer con el resto de la célula. Las palabras de Barbara Fleischer claramente captan el papel del líder:

La palabra "líder" en nuestro uso común a menudo implica una persona que se destaca en un grupo y lo dirige. Un "facilitador", por otro lado, es un servidor de la célula, una persona que está allí para ayudar a la célula a lograr su propósito. . . . El facilitador, asimismo, es copartícipe con otros en la célula, compartiendo reflexiones y experiencias personales y modelando lo que significa ser miembro de la célula. En lugar de estar por encima de la célula, el facilitador alienta a cada miembro a compartir la responsabilidad de mantener una vida celular saludable y en crecimiento.[5]

Enseñar	Facilitar
• Proporciona información	• Proporciona una Experiencia
• "Atiza" la comunicación ida y vuelta entre el profesor y los estudiantes	• La comunicación es "circular," a menudo sólo observada por el facilitador
• Señala conclusiones lógicas	• Las conclusiones son descubiertas
• Administra pruebas orales o escritas de información memorizada	• Retroalimentación—Se observan cambios en los valores y acciones de los discípulos

Debido a que el ministerio celular se enfoca en levantar líderes (o facilitadores) en lugar de maestros bíblicos, no creo que sea esencial que se le requiera a un líder potencial ser un experto en doctrina Bíblica, ser un maestro talentoso, o incluso ser un líder reconocido en la iglesia para dirigir una célula. Si una persona ha demostrado su amor

No es esencial ser un maestro talentoso para dirigir una célula exitosa

por Jesucristo y si esa persona camina en santidad, el liderazgo celular es una posibilidad clara.

Dos Cualidades Esenciales de los Líderes

¿Qué habilidades son necesarias para dirigir una célula?[6] Al menos dos: se resumen en los grandes mandamientos: amar a Dios y amar a tu prójimo. Todos los líderes de células deben poseer abundantemente estas dos características.

Sincero Amor por Dios
Jesús, el Hijo de Dios dijo: "Ama al Señor tu Dios con todo tu corazón, con toda tu alma, con toda tu mente y con todas tus

fuerzas" (Marcos 12:30). Nadie ha perfeccionado amar a Dios por completo. Las preguntas clave son:

1. ¿Estás creciendo en tu relación de amor por Jesucristo?
2. ¿Gozas de sus cartas de amor para ti a diario?

Dios usa a personas que están creciendo en amor a Él.

Sincero Amor por Otros

Jesús continuó del primer mandamiento con un segundo: "Ama a tu prójimo como a ti mismo". No hay otro mandamiento más importante que estos" (Marcos 12:31). La frase que ha sido probada por el tiempo y que se cita a menudo sigue siendo verdad, *A las personas no les importa cuánto sepas hasta que sepan cuánto les importas*. Tu éxito como líder celular depende de tu amor por los miembros de la célula. Más que cualquier otra cosa, Dios usa líderes que se preocupan. Cualquiera puede dirigir con éxito una célula, si él o ella ama a Dios y está dispuesto a amar a las personas.[7]

> *Tu éxito como líder celular depende de tu amor por los miembros de la célula*

Desarrolla un Equipo

Nací y crecí en Long Beach, California, que es parte del gran Los Ángeles. Mi papá a veces nos llevaba a mí y a mis hermanos al Fabulous Forum para ver a los Lakers de Los Angeles. He visto superestrellas como Magic Johnson, Kareem Abdul Jabbar, Shaquille O'Neal y Kobe Bryant. Cada una de estas estrellas sobresalió a su manera y fue un placer verlas. Hicieron saltar, girar y dominaron a sus oponentes como personajes de una historieta de Marvel. Sin embargo, a diferencia de esos superhéroes de historietas, no podían ganar por sí mismos. De hecho, en su mayoría fueron derrotados si intentaban dominar personalmente a un equipo oponente de cinco hombres. Las probabilidades en contra de ellos eran demasiado grandes. Cada una de estas estrellas necesitaba un equipo para superar al equipo contrario. Incluso el famoso Lebron James no puede tener éxito por sí mismo. Intentó sin éxito durante años llevar a los Cavaliers de Cleveland a la victoria, pero falló cada vez al no tener un sólido grupo de apoyo.

El liderazgo de equipo era la norma en las primeras iglesias en las casas. De hecho, cada vez que se menciona el liderazgo, siempre está en plural (Hechos 20:28; Filipenses 1: 1). Aquellos que dirigían las primeras iglesias en las casas dependían unos de otros para compensar las debilidades de cada uno.

Cuando un equipo, en lugar de un individuo, dirige una célula, hay más personas involucradas. Uno puede dirigir el rompehielos, otro dirigir la adoración, otro guiar la lección y otro dirigir el tiempo de

> Los miembros de la célula se benefician al recibir ministración de una variedad de personas y de sus dones

la oración. Los miembros de la célula se benefician al recibir el ministerio y de una variedad de personas y de sus dones. Aquí hay algunas sugerencias para comenzar a empoderar a un equipo:

- Tomen turnos para dirigir las distintas partes de la reunión, incluyendo la lección bíblica de la célula.
- Rótense entre los miembros para ser el anfitrión de la célula.

- Reúnanse fuera de la célula con los miembros para construir relaciones.

- Programa reuniones de planificación celular para hablar sobre objetivos y dirección.

Al involucrar a otros, la célula se convertirá en un lugar emocionante de ministerio y crecimiento.

De Mi Grupo a Nuestro Grupo

Empoderar a otros para que participen en la célula requiere previsión, oración, asignación de responsabilidades e información sobre el progreso. Empoderar a otros requiere esfuerzo. Hacerlo solo es mucho más fácil, al menos a corto plazo. Ahora mismo, es más fácil hacer todo por ti mismo. Sin embargo, es mucho menos trabajo en un mes o dos a partir de ahora, cuando otros lleven la carga y se apropien del ministerio celular.

Además, ¡hace que la célula sea más divertida! ¿Y quién no quiere eso?

Puntos a Considerar:

- ¿Cuál es el principio fundamental que has aprendido de este capítulo? ¿Cómo lo aplicarás?

- ¿La célula ve al líder como un facilitador o como un controlador?

- En una escala del 1 al 10, ¿cuán empoderados están los miembros de tu célula?

- Describe algunas formas en que tus miembros están creando una célula exitosa.

2

Cómo Funciona en Realidad el Evangelismo

Billy Sunday fue el evangelista más famoso a finales del siglo XIX. Un jugador de béisbol de las Grandes Ligas convertido, Sunday cautivó a la gente con su enérgica forma de ser. Se paraba en el púlpito, corría de un extremo a otro de la plataforma y se lanzaba al escenario fingiendo deslizarse para llegar a la base. A veces incluso rompía sillas para hacer énfasis en lo que decía. Sus apuntes del mensaje tenían que estar impresos en letras grandes para poder verlas mientras corría por el púlpito. Sunday predicó a más de cien millones de personas

Las células abren nuevas posibilidades para compartir el evangelio y más de un millón caminó por el *camino de aserrín* para recibir a Jesús (los pisos estaban cubiertos de aserrín para amortiguar el ruido de las pisadas).

Con Billy Graham, millones caminaron por el *camino del graderío* porque la mayoría de las cruzadas se realizaron en estadios deportivos. Asistí a varios eventos de estadio de Billy Graham y siempre lloré cuando miles respondieron para recibir a Jesús. Debido a la larga y apreciada trayectoria de personas como Sunday y Graham, muchos han podido ganar almas emulando el trabajo de estos talentosos líderes. Piensan que el evangelismo es solo para una persona talentosa que puede atraer a una gran multitud.

> *Los cristianos se multiplicaron a través de redes clandestinas, subterráneas y descentralizadas de casa en casa que se propagaron a través de la amistad*

El cristianismo primitivo, sin embargo, no funcionaba de esta manera. La iglesia de los primeros tres siglos se extendió rápidamente sin el uso de medios de comunicación, grandes reuniones públicas o evangelistas famosos. El número de cristianos se multiplicó a través de redes clandestinas, subterráneas y descentralizadas de casa en casa que propagaban el evangelismo de comunidad. En otras palabras, todos eran evangelistas y tenían la intención de compartir el Evangelio con amigos, vecinos y compañeros de trabajo. Hoy, Dios se mueve de la misma manera en países como China, Etiopía y la India.

El Hallazgo Sorprendente:
Las Células que se Movilizan Evangelizan Mejor

Conocimos a Kim y Kim Cole en el último capítulo. Ellos no son evangelistas natos. No predican al aire libre ni reúnen grandes multitudes. Sin embargo, empoderan a otros y han multiplicado su célula siete veces. Kim, la esposa, por ejemplo, desarrolló una relación con Crystal, su vecina de al lado, al pedir prestada intencionalmente una olla de cocina. Los que están en el vecindario de Kim son de origen inglés e irlandés y se enorgullecen de sus hogares. Kim descubrió que la mejor manera de entrar en sus mundos era pedir ayuda. Cuando Crystal y Kim desarrollaron una amistad, Cristo apareció en la conversación.

Crystal acribilló a Kim con preguntas difíciles sobre la fe cristiana y Kim tuvo que depender de Jesús para obtener las respuestas. Más que nada, Crystal sintió el amor y la amistad de Dios a través de Kim y con el tiempo, comenzó a asistir a la célula de los Cole con su esposo Todd. Comenzaron a sentirse parte de una nueva familia y finalmente recibieron a Jesús. Crystal y Todd completaron el programa de equipamiento de la iglesia y comenzaron a dirigir su propia célula. Ahora están viviendo el estilo de vida de discipulado que los Cole han ejemplificado repetidamente.

La sorprendente conclusión de nuestra investigación es que los grupos que se movilizan son más eficaces evangelizando que si dependieran de un evangelista talentoso. Como se muestra en el siguiente cuadro, aquellas células que empoderan a otros también son las más fructíferas al llevar a la gente a Jesús. Cada persona participa en alcanzar a nuevas personas y esto las hace sentir como en casa. Existe una clara conexión entre el empoderamiento y el llevar a otros a Cristo.

Empoderar a Otros
Acelera las Converciones

% de Células que vieron al menos a una persona recibir a Cristo en los últimos seis meses

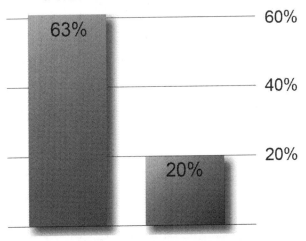

**Líderes con fuerte empoderamiento vs.
Líderes con débil empoderamiento**

La gente rara vez recibe a Jesús a la primera oportunidad. Normalmente necesitan escuchar el mensaje del evangelio en múltiples ocasiones a través de varias personas. Las células exitosas que empoderan a las personas esperan que cada miembro alcance a otros y marque una diferencia, lo que aumenta la efectividad de la célula.

Las células que empoderan a sus miembros naturalmente atraen a más invitados. Debido a que se les alienta a los miembros a invitar a sus amigos,

La gente rara vez recibe a Jesús a la primera oportunidad

en realidad llegan más personas a la célula. Ayudar a los miembros a encontrar su voz es lo que hace que las células prosperen interna y externamente.

Los líderes que constantemente alientan a los miembros a traer amigos producen células exitosas que se multiplican significativamente más que las células que lo hacen ocasionalmente. De hecho, los líderes que animan semanalmente a los miembros a invitar personas multiplican sus células el doble que aquellos que lo hacen ocasionalmente o no lo hacen en absoluto.[8] En otras palabras, las células exitosas empoderan a cada miembro

> *Las células que empoderan a sus miembros naturalmente atraen a más invitados*

y ven a más personas acercarse a Cristo y atraer a más invitados. El siguiente cuadro muestra la relación entre el empoderamiento y los invitados que llegan a la célula.

Empoderar a Otros Atrae a Más Invitados

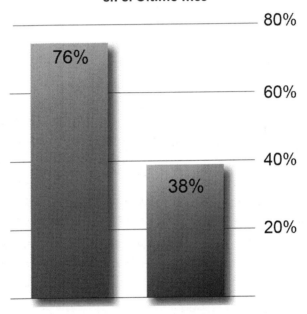

% de Células que Tuvieron 3 o Más Invitados en el Último Mes

Líderes con fuerte empoderamiento vs. Líderes con débil empoderamiento

Las personas invitan a otros a "nuestra" célula mucho más que a "tu" célula. ¿Por qué? Porque hay múltiples puntos de entrada a la célula, en lugar de solo uno: el líder. Los invitados construyen amistades con varias personas en la célula, no solo con una persona. Antes de irse, han sido recibidos y han interactuado con miembros de la célula que tienen diferentes dones, talentos y personalidades. Algunos se conectan mejor con tipos de personas que son silenciosas, mientras que otros buscan a personas más articuladas y más sanguíneas.

Cuando los miembros se sienten necesarios y se apropian de la célula, se acercan a los demás de manera natural. Los miembros, no solo los líderes, saben lo que necesitan los visitantes y cómo satisfacer dichas necesidades. Los miembros más nuevos recuerdan sus propias experiencias y pueden comprender las emociones conflictivas que ocurren al llegar a la célula por primera vez.

Vivian, por ejemplo, fue la última persona en irse de la cena navideña de la célula porque quería hablar con Carla, una nueva invitada. Vivian recién había llegado un año antes y sabía cómo se sentía Carla. Se ofreció a esperar a Carla en la entrada de la iglesia el domingo

> **Los miembros, no solo los líderes, saben lo que necesitan los visitantes y cómo satisfacer dichas necesidades**

próximo y luego a sentarse con ella y su esposo George. Cuando los miembros se sienten empoderados, se sienten responsables de atender a los invitados y darles también seguimiento.

Extendiendo la Red

En el sur de California, tenemos Disneyland, Knott's Berry Farm y Magic Mountain. He vivido en esta área la mayor parte de mi vida, y he experimentado muchas de las emocionantes atracciones en cada uno de estos parques, incluidas algunas de las montañas rusas más emocionantes del mundo.

El viaje de los discípulos con Jesús me recuerda a una montaña rusa de tres años. Se parecieron más a Jesús en el proceso, pero ciertamente no fue fácil. Los discípulos pasaron de pescar a seguir a un hacedor de milagros que abrió los ojos de los ciegos, multiplicó panes y resucitó a los muertos. Aunque escucharon la mejor enseñanza del maestro perfecto, el Dios-hombre, sus enseñanzas acerca de su muerte y resurrección se les pasaron por alto (Lucas 9:45).

Cuando Jesús murió en la cruz, la montaña rusa de los discípulos salió volando de los rieles. Es difícil imaginar lo terrible que debe haber sido para ellos verlo sufrir. Incluso los llevó a abandonar a Cristo y huir. Sin embargo, el viaje no había terminado. En tres días, Jesús resucitó. Podían ver con sus propios ojos que Jesús estaba vivo e incluso una brutal cruz romana no podía retenerlo. Y luego sus enseñanzas comenzaron a tener sentido.

Ahora era su turno de hacer cosas radicales y poner el mundo de cabeza. Jesús les dijo que fueran al mundo entero e hicieran nuevos discípulos. Ya sabían qué estrategia usar porque el Maestro los había preparado para ir a las casas, conocer al jefe de familia, estar a la espera de encuentros divinos y luego quedarse en la misma casa hasta que todos en la ciudad o aldea escucharan el mensaje del Evangelio (Lucas 9 y 10).

Fueron empoderados para vivir lo que aprendieron de Cristo

Entonces sucedió el Pentecostés y el poder del Espíritu Santo cayó sobre ellos. Fueron empoderados para vivir lo que aprendieron de Cristo. Ellos proclamaron las buenas nuevas, comenzaron a multiplicar las iglesias en las casas e hicieron discípulos que hacían discípulos. Cuando fueron perseguidos, bendijeron y oraron por sus enemigos. A través de su amor, sus palabras y obras, muchos nuevos conversos fueron eficazmente acogidos por la iglesia. Hoy, Dios aún usa la fórmula del amor y la amistad para llegar a un mundo lastimado.

Amigos Alcanzando Amigos

Un rompehielos revelador para las células es "¿Quién influyó más para que llegaras a Cristo?" Es muy probable que escuches respuestas como mi hermano, alguien del trabajo, un pariente, un maestro, etc. Solo un pequeño porcentaje mencionará a un extraño. Il̃ùas personas son llevadas a Cristo por extraños. Los más cercanos a nosotros nos influenciaron más. El 70-90 por ciento de las personas siguen a Jesús como resultado de la evangelización relacional a través de contactos cercanos.[9] La forma más natural de evangelismo es el tipo que tiene lugar a través de relaciones de amor y afecto.

Pocos inconversos se despiertan un domingo y deciden asistir a la iglesia.

La forma más natural de evangelismo es el tipo que tiene lugar a través de relaciones de amor y afecto

Aquellos que deciden asistir a un culto dominical normalmente no se quedan a menos que estén conectados con amigos o familiares.

Ejemplos de evangelismo de amistad abundan en la Biblia. En Juan 1: 35-46, leemos acerca de la relación de Andrés y Simón y la relación de Felipe y Natanael. Lidia y el carcelero de Filipos llevaron a sus familias a seguir a Cristo (Hechos 16: 15; 16: 31-33). Cornelio trajo a sus compañeros soldados y familiares para escuchar el Evangelio (Hechos 10: 1-2, 22-24). Y Mateo presentó a sus amigos y compañeros cobradores de impuestos a Cristo (Mateo 9:10). Las relaciones son los puentes que el Evangelio recorre para cambiar vidas.[10] Los líderes eficaces de células les recuerdan proactivamente a sus miembros que se vuelvan amigos de los no cristianos y que inviertan en esas relaciones.

Rasca Donde Pique

Greg Harris vive en el estado de Washington. Estaba listo para suicidarse porque su esposa se divorció de él. Se sentía un fracaso. Además de eso, estaba trabajando día y noche, tratando de pagar una deuda del acuerdo de custodia de su esposa para mantener a sus hijos. Él se deprimió mucho. Luego se lesionó y comenzó a beber mucho para aliviar el dolor. Él decidió que era hora de terminar con su vida. Tim, un miembro de la Iglesia de la Alianza de Eastside, vio la necesidad de Greg, se convirtió en su amigo y lo animó. Tim invitó a Greg a su célula, donde finalmente encontró al mejor amigo de todos: Jesucristo.

Tim personalmente invitó a Greg a la célula porque sabía que los miembros satisfarían sus necesidades y cuidarían personalmente de Greg. Lo hicieron. La comunidad de personas en la célula se convirtió en una familia para él y Greg fue transformado.

Jesús a menudo satisfacía las necesidades antes de discutir asuntos espirituales. En el libro de Juan se nos dice que Jesús sanó a un paralítico (Juan 5: 8) y luego lo llamó a arrepentirse (versículo 14). En el capítulo 8 de Juan, Jesús defiende a la mujer sorprendida en adulterio (versículo 7) y le extiende el perdón, desafiándola a cambiar su estilo de vida (versículo 11). En Juan 9, Cristo sana a un hombre que había nacido ciego (versículo 7) y más tarde lo invita a confiar en Él (v. 35). Estas personas se abrieron a Cristo después de que Él les mostrara amor práctico y permitiera que Dios mostrara su poder.

De la misma manera, el dar testimonio a distintas personas comenzará de diferentes maneras. Al igual que Jesús, debemos comenzar desde su necesidad y continuar desde allí para contarles del Salvador.

El pastor David Cho, fundador de la Iglesia del Evangelio Completo de Yoido con unas 25,000 células, explica el consejo de Cristo sobre las necesidades de la reunión:

Jesús a menudo satisfacía las necesidades antes de discutir asuntos espirituales

> Les digo a mis líderes de células: 'No les hablen a las personas de Jesucristo de inmediato cuando las conozcan. Primero, visítenlas y conviértanse en sus amigos, satisfagan sus necesidades y ámenlos.' De inmediato, los amigos sentirán el amor cristiano y dirán: '¿Por qué hacen esto?'. Pueden responder: 'Pertenecemos a la Iglesia del Evangelio Completo de Yoido, y tenemos nuestro propio grupo celular aquí, y te amamos. ¿Por qué no vienes y asistes a una de nuestras reuniones?'[11]

Una razón importante por la que la Iglesia del Evangelio Completo de Yoido se ha convertido en la iglesia más grande en la historia del cristianismo es porque sus células identifican a aquellos con necesidades que se encuentran por todo Seúl, Corea del Sur y cada vez más por todo el mundo.

Invita a Aquellos a Quienes Dios Ha Puesto en tu Vida

Dios ha colocado tu hogar en un lugar estratégico y en un cierto vecindario. Él te ha dado amigos específicos. A medida que evangelizas a los inconversos, harás un descubrimiento emocionante: ¡el Espíritu Santo ha llegado antes que tú! Le ha dado a tus amigos y colegas hambre de Cristo y ha estado preparando sus corazones. Ten en cuenta que a menudo serás solo un enlace en una cadena de siembra-semillas. La investigación muestra que, en promedio, una persona escucha el Evangelio siete veces antes de responder a él. Cuando compartas tu testimonio o invites a alguien a la célula o a la iglesia y no acepten a Cristo, comprende que tal vez necesiten más tiempo. Debido a que la mayoría de la gente necesita escuchar el Evangelio varias veces, es importante brindarles diferentes oportunidades para que escuchen el mensaje.

> Al igual que Jesús, debemos comenzar desde su necesidad y continuar desde allí para contarles del Salvador

Al buscar señales del Espíritu Santo obrando en la vida de tus amigos, también observa las vidas de aquellos cercanos a ellos. Muchas veces un pariente o amigo de la persona a la que ministras está cerca de aceptar a Cristo. Esta persona puede ser la clave para desbloquear el corazón de tu amigo y de muchos otros en esa red de relaciones. Deja que Dios abra tus ojos para ver cómo está obrando en las vidas que estás tocando.

Con frecuencia, un no creyente vacila en asistir inmediatamente a un culto de adoración dominical. Es mucho más fácil participar primero en una célula en la calidez de un hogar. Dale Galloway escribe: "Mucha gente que no quiere ir a una iglesia porque es demasiado intimidante, vendrá a una reunión celular"[12] Más tarde, estos mismos no creyentes irán

> En promedio, una persona escucha el Evangelio siete veces antes de responder a él

a la iglesia con un amigo que conocieron en la célula. Estas redes naturales de relaciones que comienzan en la célula continúan a lo largo del proceso de discipulado.[13]

No Olvides Orar

Planté una iglesia en el centro de Long Beach, California, y pastoreé durante cinco años. Muchos en la congregación eran afroamericanos. Un domingo por la mañana, relaté una historia ficticia de una mujer afroamericana en el lado oeste de Long Beach que vivía sola en su apartamento.

El propietario del apartamento no se preocupaba por los inquilinos y permitía que las cosas se descompusieran. Esta pobre viuda no tenía calefacción en su apartamento durante los meses de invierno. Ella decidió llevar el asunto a la corte. Aunque no sabía nada sobre el sistema judicial, siguió adelante y presentó una denuncia de todos modos.

desafortunadamente, su caso llegó ante un juez ateo y prejuicioso. Pensaba que los afroamericanos debían ser puestos en su lugar. De hecho, cuando ella apareció por primera vez ante él, el juez evitó el contacto visual mientras barajaba papeles "más importantes". Sin embargo, ella regresó una y otra vez. Ella se negó a rendirse a pesar de que él se enojó. Finalmente, él se irritó tanto que aceptó su petición.

Esta historia ayudó a mi congregación a comprender el significado de la parábola de Cristo sobre la viuda pobre en Lucas 18, quien se negó a aceptar el estatus quo. Ella también presentó su caso ante un juez indiferente y ganó porque se negó a aceptar su situación injusta.

Como cristianos, podemos rebelarnos contra el estatus quo orando persistentemente para que nuestros amigos no salvos sean salvos, para que los que no han sido alcanzados oigan

Las células y líderes eficaces están dedicados a la oración

el evangelio y para que la justicia de Dios reine en medio de la injusticia.

Las células y líderes eficaces están dedicados a la oración. Ellos reconocen que la herramienta más efectiva para ganar a los perdidos para Cristo es la oración ferviente. Toman en serio las palabras de Pablo: "Dedíquense a la oración: perseveren en ella con agradecimiento" (Colosenses 4:2). Si vamos a ver a nuestros amigos, familiares, vecinos y compañeros convertidos a Cristo, debemos orar.[14]

La salvación a menudo requiere una batalla. ¿Por qué? Porque las Escrituras nos dicen que, "El dios de este mundo ha cegado la mente de estos incrédulos, para que no vean la luz del glorioso evangelio de Cristo, el cual es la imagen de Dios" (2 Corintios 4: 4). Solo la oración puede romper el control del enemigo. Pablo también dice en Efesios 6:12: "Porque nuestra lucha no es contra seres humanos, sino contra poderes, contra autoridades, contra potestades que dominan este mundo de tinieblas, contra fuerzas espirituales malignas en las regiones celestiales"[15]

El alcance celular comienza con la oración en la célula. Mi propia célula tiene la disciplina de poner sillas vacías en el medio de la sala y orar por quienes las llenarán. Esperábamos que Dios contestara rápidamente, pero tomó mucho tiempo. Entonces alguien recibió a Jesús en nuestra célula, y nos regocijamos de que Dios respondiera la oración, en su propio tiempo. A menudo toma más tiempo de lo que esperamos porque Dios no trabaja en nuestro horario (2 Pedro 3: 8-9).

La oración no solo abrirá la puerta para que las personas se salven, sino que también preparará a los que están en la célula para acercarse y recordarse de aquellos que no tienen a

Cristo. A medida que la célula ora, Dios trabaja en los corazones de los miembros para contactar a los inconversos, servirles e invitarlos a la célula. Algunas células han creado una "Lista de bendición", que es simplemente un pedazo de papel con los nombres de las personas no salvas conocidas por los miembros de la célula. Cada miembro contribuye con uno o dos nombres. Luego, la célula ora regularmente por los nombres en la lista.

> *A menudo toma más tiempo de lo que esperamos porque Dios no trabaja en nuestro horario*

El líder les recuerda a los miembros de la célula que deben bendecir y servir a aquellos en la lista y orar para que Dios obre en sus vidas. A medida que la célula planifica eventos de alcance especial, los que están en la lista son los primeros en ser invitados.

La caminata de oración es otra gran manera de evangelizar. Algunas células caminan regularmente por el vecindario para orar por las personas que viven cerca. Recomiendo caminar en parejas por una comunidad específica, orando para que la salvación llegue a cada casa o apartamento.

Maneras de Orar por los Inconversos

- Ora para que tus amigos, familiares y asociados inconversos salgan de la oscuridad y entren a la luz de Cristo.
- Ora por audacia personal para que no te intimides.
- Ora por protección, seguridad y confianza para la persona.
- Ora por receptividad cuando invites a la persona a la célula.
- Ora fervientemente en contra de cualquier ataque del enemigo contra esa persona.
- Ora para que Dios les dé hambre de Cristo, para que elimine todas las barreras que impiden que respondan a Cristo, para que Dios bendiga cada área de sus vidas, y para que el Espíritu Santo haga que Jesús sea real para ellos.

Evangeliza Como Equipo

Michael Jordan fue probablemente el mejor jugador de baloncesto que jamás haya jugado. Al principio de su carrera, Jordan se basó en gran medida en su propio talento y en sus esfuerzos por ganar juegos. Sin embargo, a medida que maduró se centró en liderar un equipo de ganadores. Esto dio fruto y los Chicago Bulls ganaron el campeonato nacional año tras año.

El evangelismo celular es un esfuerzo de equipo. Los mejores líderes movilizan a la célula para trabajar juntos para alcanzar a las personas para Cristo.[16] En Marcos 1:17, Jesús les dice a sus discípulos cuyo oficio era la pesca: "los haré pescadores de hombres". Pero pescar solos en la ladera de un río con una caña de pescar en la mano definitivamente no era lo que Jesús y sus amigos pescadores tenían en mente. Cuando pescaban, lo hacían en equipo usando redes. Su pesca involucró a muchas personas y, a veces, incluso a varios botes (Juan 21: 6, Lucas 5: 6-7). La pesca con una red es mucho más efectiva que con una caña. Cristo nos llama a trabajar juntos mientras compartimos el mensaje del evangelio.

Las herramientas del pescador, la red y la caña de pescar, ilustran mejor el evangelismo celular. El evangelismo celular usa la red para atrapar peces. En todo el sentido de la palabra, es evangelismo del grupo celular. Todos participan. David Cho dijo, "Nuestro sistema de grupo celular es una red para que los cristianos la echen. En lugar de que un pastor pesque un pez a la vez, los creyentes organizados forman redes para recolectar cientos y miles de

> Los mejores líderes movilizan a la célula para trabajar juntos para alcanzar a las personas para Cristo

peces. Un pastor nunca debe tratar de pescar con una sola caña, sino que debe organizar a los creyentes para hacerlo con las "redes" de un sistema celular."[17]

Los no cristianos pueden ver a Cristo en la vida de un creyente, pero pueden verlo con mayor claridad a través de las vidas de un cuerpo diverso y unificado de creyentes: la célula. A menudo, Dios atrae a los inconversos cuando ven a los creyentes relacionarse el uno con el otro en amor. ¿No afirmó Jesús esto cuando le dijo a su propio grupo de discípulos que por su amor el mundo creería (Juan 17:23)?

Rotarse hogares entre los miembros de la célula es una forma efectiva de invitar a nuevas personas a la reunión. Los inconversos están más dispuestos a asistir a una célula cuando están en casa de un amigo miembro de la célula que en la casa de un extraño.

El Pastor Mark Speeter explica la Búsqueda del Tesoro en la Iglesia de Antioquía en Fullerton

Una forma popular de evangelismo se llama *búsqueda del tesoro*. Los miembros de la célula oran juntos y le piden a Dios que les muestre imágenes de personas o lugares para evangelizar. Uno podría ver la imagen de una fuente; otro de un centro comercial; alguien más, de una persona con una camisa blanca. La célula sale a la comunidad a preguntar si alguien tiene peticiones de oración, comparte las buenas nuevas de Jesucristo y satisface las necesidades. Dios responde la oración y conecta soberanamente las oraciones y visiones recibidas con las personas y lugares en el camino.

• Pre-alcance:

  • Preparación corta: creemos que cada cristiano debe saber cómo compartir claramente el evangelio, aunque la mayoría no lo sabe. Por lo tanto, buscamos entrenar a cada miembro con una herramienta simple como "Pasos para Estar en Paz con Dios" de Billy Graham.

- Adorar y esperar en Dios—Adoración para conectarse con Dios y calmar la ansiedad. Después de algunas alabanzas, le pediremos al Espíritu que nos muestre qué buscar y luego lo escribiremos. Por ejemplo: color (naranja), nombre (Frank), artículo (paraguas y perro). Abajo está cómo podría funcionar esto.

- Alcance:

  - Palabra de sabiduría: algo específico que no podríamos haber sabido. Por ejemplo, la semana pasada en una reunión de alcance, algunos miembros de la iglesia recibieron el nombre "Julio". En una hora, se encontraron con Julio, y él y su hijo fueron salvos.

  - Sanidad: a medida que avanzamos, les preguntamos si tenían algún dolor por el que pudiéramos orar. Esta semana pasada, algunos miembros de la iglesia oraron por un hombre con dolor crónico de rodilla, y éste después de ser sano, le dio su vida a Jesús.

  - Profecía: Dios quiere que haya unidad entre las personas (1 Corintios 14: 3).

  - Realce: a medida que avanzas, el Espíritu puede hacer que alguien se "destaque" frente a ti.

  - Evangelio: siempre acompañamos el poder de Dios con la predicación del evangelio, y luego incorporamos a las personas a la vida de la iglesia.

- Post-Alcance: Celebrar y preparar un informe sobre lo sucedido.

Más de Una Manera de Alcanzar a Otros

Mi esposa Celyce es excelente para invitar a personas no cristianas a eventos de alcance celular. Ella usa artesanías, vacaciones y comidas para atraer a los no cristianos. Después de un tiempo, dos vecinos asistieron a su célula del martes, a pesar de que no respondieron de inmediato. Celyce siguió orando e invitándolos.

Uno de ellos recibió a Jesús y comenzó a asistir al culto de celebración dominical.

Los eventos especiales como una cena, picnic o una célula temática (por ejemplo, una que se centra en un tema como el matrimonio, la existencia de Dios, etc.) son excelentes maneras de alcanzar a los no cristianos. En una ocasión, una célula en la que estuve involucrado vio 15 minutos de la película *La lista de Schindler*, y luego preparó preguntas sobre el significado de la eternidad. En tales ocasiones, puedes invitar a personas debido al evento especial que se llevará a cabo.[18]

> *A menudo, Dios atrae a los inconversos cuando ven a los creyentes relacionarse los unos con los otros en amor*

Hay muchas formas naturales de construir relaciones con personas que no son cristianas. Las fiestas de cumpleaños son una forma fácil de incluir a ambos grupos en un evento divertido y relajante. Otras actividades que construyen amistades incluyen días festivos, comidas, fiestas del vecindario y eventos deportivos. Los pasatiempos e intereses comunes también son buenas maneras de unir a las personas.[19]

Maneras adicionales de empoderar a otros a través del evangelismo incluyen:

- Evangelismo de Fiesta: las células realizan fiestas divertidas y apropiadas en los hogares o en la ciudad, e invitan a sus amigos.

- Evangelismo de Servicio- Las células se unen para servir a una necesidad en la comunidad, buscando oportunidades para servir junto a personas que no asisten a la iglesia (Mateo 5:16).

- Evangelismo creativo: Marcos 2 nos muestra un grupo de personas que hizo lo que fuera necesario para llevar a sus amigos a Jesús. Escriban nombres y piensen en conjunto, y piensen en ideas creativas para hacer "lo que sea necesario", salvo pecar, para que las personas se salven y se conecten.

Células con el Corazón de Jesús

Jesús les mostró a sus discípulos cómo alcanzar, sanar a los enfermos y ministrar a los quebrantados de corazón. Luego los envió a los hogares a hacer lo mismo. Pero él no los dejó solos. Él les informó sobre su progreso y les dio poder para prosperar. El grupo de seguidores de Cristo cambió el mundo y señaló el camino para que el resto de nosotros empoderemos a los demás. Empoderar a los miembros de células exitosas puede influir en el curso de la historia. Los líderes no deben asumir toda la carga evangelística. Por el contrario, deben ser como Jesús y capacitar a cada persona para evangelizar y hacer discípulos de todas las naciones.

Puntos a Considerar

- ¿Cuál es el principio fundamental que has aprendido de este capítulo? ¿Cómo lo aplicarás?

- ¿Cómo puede tu célula ser más efectiva para alcanzar a personas que no asisten a la iglesia?

- ¿Estás de acuerdo con la declaración «Las células que se movilizan evangelizan mejor"? ¿Por qué o por qué no?

- ¿Qué puedes hacer para ayudar a empoderar a tu célula para que evangelice más efectivamente?

3

Gente Ordinaria con Influencia Extraordinaria

En su libro, *Einstein: Su Vida y Universo*, Walter Isaacson habla sobre la búsqueda de Einstein de fórmulas simples y claras para comprender el universo. Su famosa fórmula de masa-energía "$E = mc^2$" es increíblemente simple. Por supuesto, esta fórmula sigue siendo muy compleja para mí, pero para aquellos dentro de la comunidad científica, la ecuación de Einstein fue sorprendentemente directa y simple. Einstein tenía una habilidad especial para tomar verdades existentes y experimentos probados de otros científicos y luego reunir esos conceptos en un

Los mejores líderes celulares vienen en paquetes inesperados todo simple y unificado. Poseía un intelecto asombroso para las matemáticas y la física.

Jean-François Champollion, el lingüista que descifró los jeroglíficos en la Piedra Rosetta, tenía talento para los idiomas. Para cuando tenía diez años, dominaba el francés, el latín, el griego, el hebreo, el árabe, el siríaco y el caldeo. Él resolvió el misterio de los jeroglíficos aprendiendo primero a hablar el antiguo idioma copto egipcio y descubriendo una conexión entre los dos.

Mozart tenía un extraordinario talento musical. Podía escribir grandes porciones de una sinfonía en una noche y luego dirigirla al día siguiente de memoria.

Personas como Einstein, Champollion y Mozart tienen talentos y habilidades excepcionales. Las preguntas que tenemos ante nosotros son: "¿Cuáles son los talentos excepcionales necesarios para dirigir una célula? ¿Hay una cualidad (o cualidades) particular que destaque a los líderes de células exitosas y los distinga de todos los demás? "

Viendo lo que Dios Ve

Los humanos tienden a mirar talentos y habilidades visibles, pero no se percatan de las características ocultas que Dios prioriza. Samuel casi pasó por alto a David porque no parecía un líder. Después de todo, él asumió que el próximo rey de Israel sería alto, fuerte, capaz y talentoso. Pero el Señor le dijo a Samuel: "No te dejes impresionar por su apariencia ni por su estatura, pues yo lo he rechazado" (1 Samuel

> *Los humanos tienden a mirar talentos y habilidades visibles, pero no se percatan de las características ocultas que Dios prioriza*

16: 7). Dios ya se había fijado en un niño con un corazón dispuesto, sumiso, un niño que podía hacer cosas extraordinarias, y que ya había probado tener esos talentos matando a un león y un oso (1 Samuel 17:34).

La gente mira la apariencia externa, pero el Señor mira el corazón. Samuel tardó en comprender esta verdad y los siete hijos de Isaí pasaron delante de Samuel ese día, y Dios los rechazó a todos. Finalmente, Samuel dijo: "¿Son estos todos los hijos que tienes?" "Todavía está el más joven", respondió Isaí. "Está cuidando las ovejas". Aunque era el más joven y el más modesto, tenía la característica más importante: un corazón dispuesto y obediente a Dios.

Dios usa personas que dependen de él, no aquellos que dependen de su propia apariencia, educación o habilidades

Dios tiende a usar personas como David que están totalmente comprometidas con él. A menudo suponemos que los líderes deben verse de cierta manera, tener un nivel específico de educación y poseer la personalidad de un líder fuerte y controlado. Sin embargo, Dios usa personas que dependen de él, no aquellos que dependen de su propia apariencia, educación o habilidades.

Hallazgo Sorprendente:
Dios Usa a los Menos Probables

El hallazgo sorprendente es que no existe el líder perfecto. Todos los miembros de la célula deben ser entrenados para ser discípulos de Jesús y para hacer más discípulos. El pensamiento común es que se necesitan personas extraordinarias para el ministerio celular eficaz. La verdad es que es gente común la que hace células exitosas. Como lo indica el gráfico a continuación, las células que veían a todos los miembros como posibles líderes eran mucho más propensas a reproducirse.

Ver a Todos Como un Líder Potencial

% de Células que Han Producido al Menos Un Nuevo Líder

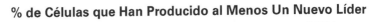
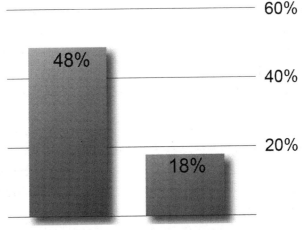

Líderes con fuerte empoderamiento
vs. Líderes con débil empoderamiento

Mikel Neuman, catedrático de Western Seminary, hizo un estudio de líderes celulares de todo el mundo y notó el mismo patrón en los líderes eficaces. Concluyó que el Espíritu Santo se especializa en usar personas débiles y dependientes. En su libro *Células para la Cultura Urbana*, Neuman escribe sobre dos líderes:

Habían comenzado tres o más células, y el liderazgo parecía un poco desconcertado. La mujer era excepcionalmente tímida y el hombre tenía problemas para expresarse. . . Me impresionó que no se tratara de personas con talentos de oratoria sobresalientes los que trajeran una nueva célula a la existencia. El cuidado y la oración... son la clave para comenzar nuevas células. Estos líderes permitieron que otras personas participaran, reconociendo que otros tenían dones que debían ser usados.[20]

Creo que los dos líderes del estudio de Neuman descubrieron el poder del Espíritu Santo en su punto de debilidad: ser tímido y vacilante al hablar. He notado repetidas veces que los miembros y líderes de células que se sienten débiles pero que se aferran al poder de Dios son los más exitosos. Se dan cuenta de que, aparte de la fortaleza de Dios, no tienen nada que ofrecer a la célula.

A lo largo de este libro intercambio la palabra *facilitador* con *líder* porque la facilitación describe con precisión lo que hacen los líderes eficaces. La palabra *líder* a menudo proyecta la imagen de alguien que la mayoría de nosotros no es. Muy pocos se sienten líderes, e incluso aquellos que tienen talentos visibles y confianza en sí mismos están llenos de una sensación de inadecuación propia.

> **Se dan cuenta de que, aparte de la fortaleza de Dios, no tienen nada que ofrecer a la célula**

Dios usa gente común que confía en Él. Las Escrituras nos dicen que Dios escogió lo insensato de este mundo para confundir a los sabios y las cosas débiles para humillar a los poderosos (1 Corintios 1:27). Encontramos lo mismo en las células exitosas. La buena noticia es que Dios usa personas normales e inadecuadas. Estos hallazgos deberían alentar a los miembros de la célula a involucrarse, sabiendo que Jesús es glorificado en la debilidad.

Nuestro estudio demostró que cualquiera puede ser un líder exitoso, sin importar su personalidad o lugar en la vida. Descubrimos que no importa si aquellos que dirigen células son casados, solteros, jóvenes, viejos, altamente educados o analfabetos. Tampoco importa si son hombres, mujeres, ricos o pobres. Los tipos de personalidad no influyen en la eficacia del liderazgo. Los introvertidos son tan exitosos como los extrovertidos.

Los dones espirituales particulares no tienen ninguna relación con la eficacia del liderazgo. Los líderes que carecen del don del evangelismo, por ejemplo, tienen la misma probabilidad de tener una célula en crecimiento que aquellos que sí lo tienen. El don de la enseñanza tampoco hace ninguna diferencia en el crecimiento a largo plazo de una célula.

Las características externas no determinan si alguien puede dirigir una célula. Más bien, lo que se necesita es la fuerza espiritual interna. Y cualquiera puede desarrollar cualidades espirituales a medida que se vuelve más cercano a Jesucristo. Aquellos que confían en Jesús y le permiten suplir lo que falta tienen más poder y eficacia para ministrar a los demás.

> **El don de la enseñanza tampoco hace ninguna diferencia en el crecimiento a largo plazo de una célula**

Una de mis heroínas es una mujer llamada Lorgia Haro. Lorgia originalmente dudó incluso ser anfitriona de célula. El líder de la célula a la que asistía se estaba mudando, y yo prácticamente supliqué que alguien fuera el anfitrión de la célula mientras buscábamos a otro líder. Lorgia levantó la mano vacilante, pero compartió sus propios sentimientos de incompetencia debido a su naturaleza tímida y al hecho de que su marido no era cristiano.

Lorgia cumplió su compromiso y abrió su casa. A diferencia de Lorgia, no cumplimos con nuestro compromiso: ¡nunca encontramos un líder para esa célula! En ausencia de alguien más para dirigir la célula, Lorgia se ofreció. Ella pedía por fortaleza al Espíritu Santo antes de cada reunión. Su timidez la obligó a depender de la fortaleza de Dios y, a través de su debilidad, Jesús la usó para amar y llevar a las personas al reino. La célula creció. A medida que ella creció en la confianza del poder del Espíritu Santo, animó a los miembros a dirigir sus propias células. "Si yo puedo hacerlo", razonó, "¡tú también puedes!" En el lapso de siete años, su célula se multiplicó doce veces y más de setenta personas recibieron a Cristo. Su esposo fue uno de esos convertidos. Nuestra iglesia creció enormemente gracias a una mujer débil y tímida llamada Lorgia Haro.

¡Anímate! Los factores fuera de tu control no influyen en el éxito de tu célula. No puedes controlar qué edad tienes, qué tipo de personalidad tienes o cuáles son tus dones espirituales, pero ninguna de estas cosas hace una diferencia significativa. Las diferencias entre los líderes exitosos y los fracasados se relacionan con conductas controlables, no con rasgos predeterminados.

Los líderes de células deben sentirse animados por nuestra investigación. Si eres hombre o mujer, educado o sin educación, casado o soltero, tímido o extrovertido, un maestro o un evangelista, puedes hacer crecer tu célula. La unción para la multiplicación no reside solo en unos pocos. Estas estadísticas revelan que el sexo, la edad, el estado civil, la personalidad y los dones tienen poco que ver con la eficacia como líder celular. Como veremos en los siguientes capítulos, las células exitosas dependen de conceptos básicos simples que cualquiera puede poner en práctica.

Todos los miembros deben ser vistos como "líderes potenciales" con la esperanza de que con el tiempo formen parte de un equipo. Me he dado cuenta de que hay demasiados "asistentes de líderes de células" que no hacen más que ocupar un título. Tal título cubierto por una o dos personas a menudo impide que otros miembros asuman el papel de líder. Harold Weitsz, pastor del Centro Cristiano Little Falls en Sudáfrica, hace eco de este pensamiento cuando escribe: "Ya no hablamos de 'miembros de la célula', sino de aprendices para convertirse en líderes celulares".[21]

> La unción para la multiplicación no reside solo en unos pocos

Es cierto que no todos dirigirán una célula por una variedad de razones. Pero tan pronto como un sistema celular se infecte con el pensamiento de que solo ciertas personas pueden dirigir una célula, muchos creyentes se sentirán frustrados, clasificados para siempre como incapaces. El cuerpo de Cristo le pertenece a Cristo. Como líderes, es importante comprometerse a capacitar a cada creyente para ministrar.

La gracia de Dios ayuda a todos los creyentes a cumplir los dos mandamientos más importantes: amar a Dios con todo lo que son y amar a los demás como a sí mismos (Marcos 12: 28–31). Esto significa que todos tenemos el potencial de dirigir una célula exitosa.

> Todos los miembros deben ser vistos como "líderes potenciales" con la esperanza de que con el tiempo formen parte de un equipo

¡Toda esta información confirma que puedes tener éxito tal como eres! Dios te hizo especial. Nadie puede hacerlo como tú. ¡Dios usa al extrovertido, al tímido, al relajado, al ansioso y a todos los otros tipos de personalidad! Sé tú mismo. No se trata tanto de quién eres como de lo que haces como líder celular.

Dios Quiere Recibir la Gloria

Jesús no eligió hombres importantes y prominentes para formar parte de su grupo de doce. Ninguno de los discípulos de Cristo ocupó cargos importantes en la sinagoga, ni ninguno de ellos pertenecía al sacerdocio levítico. Por el contrario, eran hombres trabajadores comunes, sin formación profesional, sin títulos académicos y sin fuente de riqueza heredada. La mayoría fueron criados en la parte más pobre del país. Eran impulsivos, temperamentales y fácilmente se ofendían. Jesús rompió las barreras que separaban lo puro y lo impuro, lo obediente y lo pecaminoso.

A pesar de ser un grupo heterogéneo de gente común y corriente, Jesús invirtió en ellos y por medio de ellos encendió un movimiento que llegaría a millones, incluso a miles de millones de personas.

Jesús vio potencial oculto en ellos. Detectó honestidad y una disposición para aprender. Poseían un hambre de Dios, una sinceridad para mirar más allá de la hipocresía religiosa de su tiempo, y estaban buscando a alguien que los guiara a la salvación. Al llamar al despreciado a sí mismo, al

> *Los discípulos eran hombres trabajadores comunes, sin formación profesional, sin títulos académicos y sin fuente de riqueza heredada*

sentarse a comer con los publicanos, al iniciar la restauración de una mujer samaritana, Jesús demostró que incluso estas personas eran bienvenidas en el reino de Dios.

Uno de mis pasajes favoritos de las Escrituras se encuentra en 1 Corintios capítulos 1 y 2. Pablo está resaltando el poder de la cruz de Cristo y cómo Dios manifestó su grandeza en un evento que es repugnante para los incrédulos. Pablo dice que los sabios piensan que la muerte de Cristo es insensata y que tener la mirada fija en la cruz es debilitante. Luego Pablo continúa diciendo que Dios ha elegido a aquellos que se identifican con la cruz de Cristo, es decir, los necios y los débiles. ¿Por qué? Pablo resume su argumento: "a fin de que en su presencia nadie pueda jactarse" . . . Si alguien ha de gloriarse, que se glorie en el Señor"(1 Corintios 1: 29,31).

Dios escogió a Gedeón para derrotar a los enemigos de Israel en el libro de los Jueces. Podría haberlo hecho un gran general. Pero había un problema. Si Gedeón derrotaba a los madianitas por su propia fuerza, habría recibido la gloria él. Entonces, ¿qué hizo Dios? Redujo el ejército de Gedeón a 300 hombres, hasta el punto en que las probabilidades de victoria en términos humanos se redujeron al 100 por ciento. Entonces Dios le dijo a Gideon que siguiera adelante. Y como siempre, Dios intervino de una manera milagrosa (Jueces 7).

Descubrimos que los líderes que fueron más exitosos también fueron los más dependientes. Se sintieron débiles por sí mismos pero fuertes en Jesús. Jesús fue fuerte en su debilidad, como le dijo a Pablo: "Te basta con mi gracia, pues mi poder se perfecciona en la debilidad" (2 Corintios 12: 9). Probablemente, Pablo se enfrentó a una debilidad física, pero la razón era evitar que se gloriara en sí mismo, como dijo Pablo,

Por lo tanto, gustosamente haré más bien alarde de mis debilidades, para que permanezca sobre mí el poder de Cristo. Por eso me regocijo en debilidades, insultos, privaciones, persecuciones y dificultades que sufro por Cristo; porque, cuando soy débil, entonces soy fuerte. (2 Corintios 12:9-10).

Algunas de las mejores personas no parecen ser las mejores. Son los más débiles, tienen más problemas y parecen no estar preparados. A veces no vemos un liderazgo emergente porque estamos buscando las cosas equivocadas. A menudo buscamos a quienes son como nosotros, pero pasamos por alto a quienes no son como nosotros.

> *Resiste el impulso de ser como Moisés, que intentó hacer todo por su cuenta*

Practicando el Empoderamiento de Liderazgo

La tendencia sutil de los líderes celulares es simplemente hacer todo ellos mismos. A veces es más fácil, más eficiente e incluso ahorra tiempo. Resiste el impulso de ser como Moisés, que intentó hacer todo por su cuenta. Moisés no pudo delegar sus responsabilidades rápidamente y terminó con más de un millón de personas clamando por su atención. Jetro le aconsejó a Moisés que dejara de tratar de hacerlo todo por su cuenta y nombrara líderes desde la base (Éxodo 18). La buena noticia es que Moisés escuchó a su suegro y nombró líderes en todos los niveles.

Cuidado con los Títulos

Un título no hace un líder; un líder hace un líder. No es la posición lo que hace al líder; es el líder el que hace la posición.

Glen Martin y Gary McIntosh señalan:

> Algunos ministerios celulares usan el término co-líder o
> asistente de líder, pero esto tiene un impacto negativo en
> la multiplicación y el crecimiento del ministerio a largo
> plazo. El problema está asociado con la implicación de
> que una persona puede ser un co-líder o un asistente de
> líder para siempre. . . . Mientras que algunos pueden
> pensar que la terminología no importa, si se toma en
> serio la multiplicación de células en el futuro, es mejor
> usar el término aprendiz.[22]

El efecto amortiguador de dar títulos a los miembros de tu
célula, sin realmente permitirles dirigir, está bien documentado.
Si le has dado a tu líder potencial el título de aprendiz, asegú-
rate de que esté aprendiendo. Margaret Thatcher, ex Primera
Ministra de Gran
Bretaña, una vez dijo:
"Estar en el poder es
como ser una dama.
Si tienes que decirle
a la gente que lo eres,
entonces no lo eres".

El efecto amortiguador de dar títulos a los miembros de tu célula, sin realmente permitirles dirigir, está bien documentado

Los títulos tienen el poder de motivar a un líder celular potencial a la acción o permanentemente colocarlo al margen.

No Esperes Mucho Tiempo

Una joven cristiana, Fátima, estaba plagada de una enfermedad
debilitante de los huesos, pero se sintió obligada a compartir el
evangelio como una nueva creyente en su célula. Con el celo
que caracterizaba a la mujer samaritana, Fátima reunió a su

familia y amigos no cristianos para la primera reunión. Su casa estaba abarrotada, algunas llegaron dos horas antes. Escucharon el mensaje del evangelio con gran atención y en los meses siguientes, varios de ellos decidieron seguir a Jesucristo. El celo y la eficacia de Fátima me aclararon la importancia de usar nuevos cristianos en el ministerio de celular.

Una de las evangelistas más efectivas del Nuevo Testamento fue la mujer de Samaria, quien se había convertido hacía unas pocas horas. Inmediatamente después de su encuentro con Dios, leemos que la mujer de Samaria entró en acción:

[Ella] . . .volvió al pueblo y le decía a la gente: Vengan a ver a un hombre que me ha dicho todo lo que he hecho. ¿No será este el Cristo? Salieron del pueblo y fueron a ver a Jesús . . . Muchos de los samaritanos que vivían en aquel pueblo creyeron en él por el testimonio que daba la mujer: "Me dijo todo lo que he hecho". Así que cuando los samaritanos fueron a su encuentro le insistieron en que se quedara con ellos. Jesús permaneció allí dos días, y muchos más llegaron a creer por lo que él mismo decía. Ya no creemos solo por lo que tú dijiste—le decían a la mujer—; ahora lo hemos oído nosotros mismos, y sabemos que verdaderamente este es el Salvador del mundo. (Juan 4: 28-30, 39-42).

¿Cuánto tiempo le tomó a la mujer samaritana decirles a otros acerca de Jesús? ¡El tiempo suficiente para ir al pueblo y regresar! No pierdas la

> Una de las evangelistas más efectivas del Nuevo Testamento fue la mujer de Samaria, quien se había convertido hacía unas pocas horas

oportunidad de usar nuevos cristianos en el liderazgo celular. Jesús no la perdió; ni tampoco Pablo. La emoción de servir e invitar amigos es más común en los nuevos cristianos que en los maduros. Esto se debe a que los cristianos nuevos todavía tienen contacto con personas que no son cristianas. Están entusiasmados de compartir lo que Dios ha hecho en sus vidas. Cuando no se les permite servir de inmediato, se estancan y pierden su entusiasmo. Nuestro problema a menudo es no ver lo suficientemente lejos en el camino. No conectamos a la persona que camina hacia el púlpito para recibir a Jesús con el futuro liderazgo celular. Debido a la falta de una orientación adecuada, muchos

> La mayoría de nosotros habría pasado por alto a María Magdalena por su triste estado espiritual

posibles líderes celulares se nos escapan por la puerta trasera.

Desata a los Dispuestos

La mayoría de nosotros habría pasado por alto a María Magdalena debido a su triste estado espiritual (poseída por siete demonios). Sin embargo, Jesús la liberó y la usó poderosamente. Ella se convirtió en parte del equipo más grande de Cristo, y los escritores de los evangelios nos dicen que después de su resurrección, Jesús se apareció primero a María Magdalena (Marcos 16: 9).

John Wesley dominó el arte de usar a todos los posibles líderes. Al comentar sobre su genialidad, Howard Snyder dice:

> Uno escucha hoy que es difícil encontrar suficientes líderes para las células o para llevar a cabo las otras responsabilidades de la iglesia. Wesley puso a uno de cada diez, tal vez uno de cada cinco, a trabajar en un ministerio y

liderazgo significativo. ¿Y quiénes eran estas personas? Ni los educados ni los ricos con tiempo disponible, sino hombres y mujeres trabajadores, esposos y esposas y jóvenes con poca o ninguna capacitación, pero con dones espirituales y deseos de servir . . . Wesley no solo llegó a las masas; él hizo líderes de miles de ellos.[23]

A menudo, los líderes celulares más efectivos son los tesoros de Dios que simplemente necesitan ser desenvueltos y luego entrenados. Jesús es todopoderoso. Él puede tomar nuestro quebrantamiento, sanarnos y transformarnos en el proceso.

Personas FAST

La confiabilidad tiene prioridad sobre la capacidad. Pablo le dijo a su discípulo Timoteo: "Lo que me has oído decir en presencia de muchos testigos, encomiéndalo a creyentes dignos de confianza, que a su vez estén capacitados para enseñar a otros." (2 Timoteo 2: 2). Los mejores líderes son los más confiables. No se trata de talento, educación o cualquiera de los otros factores externos. Dios quiere desarrollar los factores internos que provienen de su Espíritu. Lo hace a través de la participación y el descubrimiento de talentos. Y esto sucede a menudo a través de los duros golpes del fracaso, levantarse y seguir adelante. Busca a los que son FAST (por sus siglas en inglés): Fieles, Disponibles, Orientados al Servicio e Instruibles.

FAST
F—Faithful (Fiel)
A—Available (Disponible)
S—Servant-oriented (Orientado al Servicio)
T—Teachable (Enseñable)

Fieles: una persona puede llevar mucho fruto, pero si no es fiel, no se puede confiar en esa persona. Una gran parte del ministerio exitoso es estar presente, estar a tiempo y poseer una cualidad de responsabilidad: la gente puede contar con que la persona cumpla con lo que él o ella dice. El ministerio a largo plazo requiere fidelidad. Es uno de los aspectos críticos del liderazgo.

Disponible: la disponibilidad demuestra prioridad. En otras palabras, las personas toman tiempo para las cosas que son importantes. Cuando una persona está dispuesta a quedarse un poco más, limpiar cuando todos se han ido y se ofrece como voluntario para las tareas ministeriales, generalmente es una señal de que el ministerio es importante.

Orientado al Servicio: ¿Qué tipo de actitud tiene el líder potencial? Si la persona es brusca, indiferente e incluso grosera, no está lista para ser la persona clave en un equipo de liderazgo. Jesús dio prioridad a la humilde tarea de servidor de lavar los pies de sus discípulos y les advirtió contra sentirse más que otros. Poseer conocimiento es mucho menos importante que aplicar verdades bíblicas de una manera que modele los principios de discipulado que Jesús dejó a sus discípulos. Y una de las verdades del discipulado más importantes es la servidumbre.

> *La mayoría de las lecciones profundas se aprenden en el camino, en los momentos esenciales de la vida*

Tener un corazón de servidor es un rasgo esencial en el ministerio.

Enseñable: Completar el discipulado es un buen lugar para comenzar, pero siempre hay más que aprender en la vida. El discipulado nunca termina en esta vida. ¿El líder potencial actúa como si él o ella lo hubiera alcanzado todo? Es muy difícil entrenar a alguien que se resiste a los consejos y sugerencias. La mayoría de las lecciones profundas se aprenden en el camino, en los momentos esenciales de la vida. Lo mejor es no dar posiciones de liderazgo a aquellos que no están dispuestos a aprender y a recibir corrección de buena gana.

Más allá de ser FAST, la transparencia y la madurez son rasgos importantes a tener en cuenta en los posibles líderes. La transparencia definitivamente puede ser modelada y enseñada, mientras que la madurez llega con la experiencia.

Disposición a Arriesgar

Hacer que todos participen en la célula requiere paciencia y disposición a arriesgar. Thomas J. Watson, el fundador de IBM, dijo. "La forma de tener éxito es duplicar la tasa de fallas". Esto básicamente significa que no vas a tener éxito si tienes miedo de arriesgarte a fracasar, porque nunca encontrarás mejores formas de hacer las cosas si tienes miedo de probar algo nuevo.

Todos cometemos errores. Piensa en el maestro de escuela de Múnich que le dijo a un niño de diez años: "Nunca llegarás a ser alguien". Ese niño pequeño era Albert Einstein. O considera al ejecutivo de la compañía discográfica Decca que en 1962 se negó a dar un contrato a un grupo de rock británico que comenzaba. "No nos gusta el sonido de los Beatles", explicó. "Los grupos con guitarras están por desaparecer".[24]

No le temas a los errores. Como dijo Elbert Hubbard: "El mayor error que uno puede cometer en la vida es temer continuamente cometer uno". Podemos aprender de nuestros errores. Por supuesto, duelen, pero no aprenderás a menos que los cometas. Un joven, ansioso por tomar el más alto puesto de su organización, entró en la oficina del anciano y dijo: "Señor, como usted sabe, he sido nombrado por la junta para sucederle como presidente del banco, y yo estaría muy agradecido por cualquier consejo y ayuda que pudiera darme". El anciano dijo: "Hijo, siéntate. Tengo dos palabras de consejo para ti. Dos palabras. " "¿Qué son?", preguntó el joven ejecutivo. "Decisiones correctas", dijo el jefe. El joven pensó un momento y dijo: "Señor, eso es muy útil, pero ¿cómo se pueden tomar esas decisiones correctas?". El anciano respondió: "Una palabra: experiencia". "Gracias, señor", dijo el joven. "Estoy seguro de que será útil. Pero realmente, señor, ¿cómo se gana experiencia?" El anciano sonrió y dijo: "Dos palabras: decisiones equivocadas".[25]

¿Sabías que?

- Babe Ruth bateó 1,330 strikes. Entre sus strikes, bateó 714 jonrones.

- Abraham Lincoln falló dos veces como persona de negocios y fue derrotado en seis elecciones estatales y nacionales antes de ser elegido presidente de los Estados Unidos.

- R. H. Macy fracasó en el comercio minorista siete veces antes de que su tienda en Nueva York se convirtiera en un éxito.

- La familia de Louisa May Alcott la animó a buscar trabajo como sirvienta o costurera en lugar de escribir. Ella escribió, y *Mujercitas* sigue siendo popular más de 125 años después.

- El primer libro para niños de Theodor S. (Dr. Seuss) Geisel fue rechazado por 23 editoriales. La vigesimocuarta editorial vendió seis millones de copias.[26]

Caminando sobre el agua en dirección a sus discípulos, Jesús dijo: "¡Cálmense! Soy yo. No tengan miedo". " Señor, si eres tú ", respondió Pedro, "mándame que vaya a ti sobre el agua". "Ven", dijo. Entonces Pedro bajó de la barca, caminó sobre el agua y se acercó a Jesús. Pero cuando vio el viento, tuvo miedo y, comenzando a hundirse, gritó: "¡Señor, sálvame!" Inmediatamente, Jesús extendió su mano y lo sujetó. "¡Hombre de poca fe!", dijo, "¿por qué dudaste?" (Mateo 14: 27-32).

Nunca menosprecies a Pedro por dudar, al menos estaba dispuesto a intentarlo. Admiro mucho más a alguien que ha intentado y ha fallado que alguien que se sienta en la barca, tranquilo y satisfecho.

> Es más de admirar aquel que intenta y falla, que aquel que se sienta en el bote, tranquilo y satisfecho

Apenas dos capítulos más tarde, Pedro se lanza a la lucha y es el primero en confirmar la Deidad de Cristo: "Tú eres el Cristo, el Hijo del Dios viviente" (Mt 16:16). Jesús bendijo a Pedro por su respuesta. Poco después, con nueva confianza, Pedro comienza a reprender a Jesús y el Señor le dice: "¡Aléjate de mí, Satanás! Quieres hacerme tropezar; no piensas en las cosas de Dios, sino en las de los hombres". De acuerdo, Pedro cometió sus errores. Pero su voluntad de intentar, e incluso fallar, le proporcionó una visión que pocos otros apóstoles poseían.

Nunca menosprecies al miembro de la célula que sale de la barca y tiene dudas en el camino. Aquellos que intentan y fallan deben ser aplaudidos. Nadie aprende nada mientras está sentado en la barca. La clave es fallar, volver a subir y aprender del error.

Puntos a Considerar

- ¿Cuál es el principio fundamental que has aprendido de este capítulo? ¿Cómo lo aplicarás?
- ¿Crees que cualquiera puede ser un líder eficaz? ¿Por qué o por qué no?
- Describe las características de los grandes líderes de celulares, como se describe en este capítulo.
- ¿En qué área necesitas arriesgarte por Jesús?

4

Más Comunión, Más Crecimiento

Durante muchos años evité hablar acerca de la comunión cercana en grupos celulares porque temía que las células dejaran de crecer. Mi primer libro *Explosión del Grupo Celular* destacó el evangelismo y la multiplicación en las células en todo el mundo. En ese libro y en los siguientes, no hablé mucho acerca de la comunión o compañerismo, solo mencioné que la comunión se ocuparía de sí misma cuando las personas evangelizaran.

Dios cambió todo en 2009. Me di cuenta al escribir el libro *Discípulo Relacional* que necesitaba someterme a la

Las células donde abunda el amor alcanzan al mundo

Palabra inerrante de Dios. Vi claramente que las Escrituras promovían la comunión y que incluso esa comunión podría considerarse el elemento más importante en el ministerio celular.

Me di cuenta de que Jesús vino a establecer una nueva familia, y Él eligió la célula como la manera de hacer que esto suceda. Dios desafió mi pensamiento y me llevó a desarrollar una cosmovisión más bíblica al observar el ministerio celular. Desde entonces, me enamoré de la riqueza de la comunión celular y la promuevo a menudo.

> ¿Es la comunión contraria al crecimiento celular? ¿Pueden los dos mezclarse o son siempre opuestos el uno al otro?

Pero la pregunta aún persistía. ¿Es la comunión contraria al crecimiento celular? ¿Pueden los dos mezclarse o son siempre opuestos el uno al otro? Nuestra investigación nos sorprendió y reveló que no tiene por qué ser de una manera u otra.

Hallazgo Sorprendente:
Las Células que son Más Unidas Crecen Más

Como supervisor de célula, visité la célula de Rene y Patty Naranjo en muchas ocasiones. Su célula siempre estaba llena de gente, conversación y comida. Nadie quería irse cuando la reunión terminaba. Muchos de los presentes jugaban al fútbol con Rene el sábado siguiente. Su célula se caracterizó por una comunión rica y cercana. René y Patty invitaban a viejos amigos y mantenían esas amistades dentro y fuera de la célula. Su grupo celular también creció y se multiplicó muchas veces. Los líderes se desarrollaron en esta atmósfera de amor y comunión.

El hallazgo sorprendente es que la comunión estimula el crecimiento y la formación de nuevas células. Naturalmente conduce al alcance, a nuevos líderes y a más células. La comunión verdadera y el alcance ferviente no deben ser mutuamente excluyentes. A medida que una célula crece en amor y unidad, también existe el deseo de evangelizar. La comunión fomenta la salud, la vitalidad y el alcance.

> *Cuando el cuidado y el amor abundan en las células, los recién llegados quieren quedarse*

El siguiente cuadro muestra cómo los recién llegados no solo vienen a la célula sino también por qué se quedan. Cuando el cuidado y el amor abundan en las células, los recién llegados quieren quedarse. Sienten que han encontrado una familia, un hogar lejos de casa.

Las Células Afectuosas Mantienen a sus Miembros

% de Células que Añadieron a 4 o más Miembros

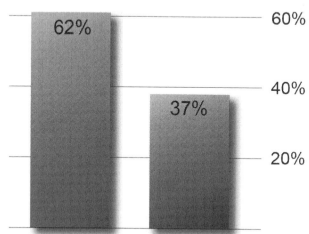

62% 60%

37% 40%

20%

Células Muy Afectuosas vs. Células Poco Afectuosas

Piensa en el grupo de los doce de Cristo. Había algo irresistible en estar con Jesús. Su propósito era ayudar a todos a amarse unos a otros (Juan 13:34), pero a menudo olvidamos la frase: "De este modo todos sabrán que son mis discípulos". Jesús repite esta verdad en Juan 17:21, "Para que todos sean uno. Padre, así como tú estás en mí y yo en ti, permite que ellos también estén en nosotros, para que el mundo crea que tú me has enviado". La comunión y la unidad llevan a las personas a creer en Jesús.

Los que asisten a células afectuosas invitan a sus amigos. Sienten que hay algo diferente en la célula y en la iglesia. Se sienten especiales y queridos. Quieren unirse.

La Intimidad Fortalece a los Miembros y a los Futuros Líderes

Mi esposa Celyce ama a la gente y ha sido líder de célula durante muchos años. Ella también multiplicó su célula muchas veces. Cada vez que hago seminarios en todo el mundo y hablo sobre la multiplicación, le pido que comparta sobre cómo lo ha hecho. Una cosa que noté es que nunca fuerza la multiplicación. Sucede de forma natural. Su método es simple: amar a las personas y ayudarlas a desarrollarse naturalmente en la célula. Parte de ese proceso es capacitarlos para dirigir sus propias células.

El siguiente cuadro muestra la correlación entre las relaciones de cuidado y el desarrollo de nuevos líderes. Donde el cuidado y atención de las personas era más fuerte, las células pudieron multiplicarse más frecuentemente.

Las Células Afectuosas Multiplican Líderes

% de Células que Han Producido al Menos Un Nuevo Líder

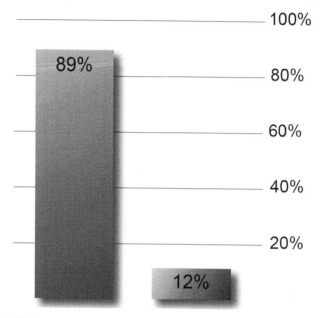

Células Muy Afectuosas vs. Células Poco Afectuosas

La comunión fortalece la formación de nuevos líderes porque los nuevos líderes potenciales necesitan una atmósfera afectuosa para intentar, fracasar y volver a intentarlo. Se les anima a cometer errores y a que reine el amor. Cada persona siente que su contribución es valiosa e importante. La utilización de los dones es grande en este entorno y los miembros son libres de experimentar con múltiples dones. Los líderes también se desarrollan.

Nuevos Líderes se Forman de Manera Natural en Una Atmósfera de Amor

Debo admitir que he forzado a células a multiplicarse demasiado rápido en el pasado. Recuerdo una célula, en la que disfrutábamos de una dulce comunión. La pareja principal que asistía a la célula tenía muchos amigos no cristianos, negocios seculares en auge en la ciudad y ellos amaban la célula. Sin embargo, después de un cierto período de tiempo, sentí que teníamos que multiplicarnos porque eso es lo que se suponía que debían hacer las células. El problema era que no era natural. La comunión no era lo suficientemente profunda, y nadie estaba listo para dirigir la nueva célula. Esta pareja se dio cuenta correctamente de que yo estaba forzando la célula a multiplicarse antes de que estuviera lista, algo de lo que me di cuenta más tarde. Con el tiempo, ellos abandonaron la célula y la iglesia.

Sí, los nuevos nacimientos serán dolorosos y la incomodidad es parte de la experiencia de crecimiento. Pero también creo que debemos asegurarnos de que el dolor no sea autoinfligido a través de una motivación mal dirigida y resultados forzados. El énfasis siempre debe estar en hacer discípulos que hagan discípulos en amor y nunca olvidar que es un proceso que lleva tiempo.

Las personas no tienen miedo de probar cosas nuevas cuando se sienten amadas y cuidadas. Los propios discípulos de Cristo pudieron cometer errores, aprender en un ambiente sano y volver a intentarlo. Aprendieron a amarse unos a otros como fueron amados por el Maestro.

> *Las personas no tienen miedo de probar cosas nuevas cuando se sienten amadas y cuidadas*

A veces, Jesús les permitía a los discípulos cometer errores con el fin de enseñarles lecciones importantes y ofrecer una aplicación práctica de sus enseñanzas. Jesús, por ejemplo, le permitió a Pedro caminar hacia él en el agua. Jesús sabía que se hundiría en el proceso pero que también aprendería lecciones valiosas (Mateo 14:29). Los discípulos trataron de expulsar a un demonio y no pudieron, pero más tarde Jesús les dio instrucciones importantes sobre qué hacer la próxima vez (Marcos 9:18). Los discípulos estaban convencidos de que Cristo establecería su reino allí mismo, pero Jesús les enseñó sobre su guía invisible, el Espíritu Santo (Hechos 1: 7-8). El método de discipulado de Cristo fue una interacción constante entre escuchar, hacer, reprobar, aprender y luego enseñar nuevas lecciones. Pero el amor también reinó en esta atmósfera íntima y los discípulos fueron valientes para seguir intentándolo y dar el siguiente paso. Con el tiempo, cambiaron al mundo mientras continuaban haciendo discípulos.

Jesús moldea y da forma a aquellos en las células hoy. El cuidado y la comunión entre los miembros es la atmósfera perfecta para que las personas intenten cosas nuevas, usen sus dones y crezcan en su confianza para formar parte de una nueva célula.

La Comida Genera Comunión

Imagínate viajando por una calle en Roma, de camino para asistir a una iglesia en una casa del primer siglo. Mientras caminas por las calles estrechas, notas personas en todas partes. Estás muy consciente de la sobrepoblación de Roma, donde vive aproximadamente un millón de personas, y la gran mayoría está atestada en apartamentos de una o dos habitaciones por encima o detrás de tiendas y mercados. Finalmente llegas a la casa, que es realmente un apartamento. Es una unidad residencial con un patio contiguo y se observan varias filas de apartamentos conectados entre sí.

Al ingresar a la casa, el delicioso olor a comida llena el aire. Observas que la comida se hornea afuera mientras te llevan al comedor, la sala más grande de la casa. Cuentas a trece personas en la reunión y todos han sido invitados a compartir la comida juntos, en memoria de Jesucristo. La historia de la última cena de Cristo con sus discípulos en la sala superior hace que la presencia de Cristo te parezca tan real. Amas los testimonios de vidas cambiadas y el amor de la gente por este Jesús resucitado. Escuchas historias sobre aquellos que realmente vieron a Jesús después de su resurrección. Y dicen que Jesús prometió regresar pronto. Se repiten otras historias de los milagros de Cristo. Amas la forma tan natural en que fluye la atmósfera, la alabanza, la lectura de las Escrituras y la expectativa de la presencia del Espíritu Santo. Y la comida es fundamental para tu experiencia esa noche.

Las iglesias en las casas de la iglesia primitiva siguieron el ejemplo de Cristo, quien pasó gran parte de su tiempo en la tierra comiendo y en comunión con la gente. El Evangelio de Lucas está lleno de historias de Jesús comiendo con la gente:

- En Lucas 5, Jesús come con recaudadores de impuestos y pecadores en la casa de Leví (5: 29-32).
- En Lucas 7, Jesús es ungido por una mujer en la casa de Simón el fariseo durante una comida (7: 36-50).
- En Lucas 9, Jesús alimenta a los cinco mil (9: 10-36).
- En Lucas 10, Jesús come en el hogar de María y Marta (10: 38-42).
- En Lucas 14, Jesús comparte la parábola del gran banquete en el que insta a las personas a invitar a los pobres en lugar de a sus amigos (14: 7-24).
- En Lucas 22, leemos el relato de la Última Cena (22: 14-23).
- Incluso cuando Jesús no está comiendo, las referencias a la comida abundan en todo el Evangelio. Es seguro decir que,

a lo largo del Evangelio de Lucas, Jesús va a una comida, está comiendo o viene de una comida.

Jesús pasó tanto tiempo comiendo con personas que un escritor notó, "Jesús pasó por los Evangelios comiendo".[27] Hay algo especial acerca de la comida y el compañerismo y esto realmente fortalece la comunión.

Comer juntos tiene una forma de romper barreras y amistar a las personas entre sí. Jim Egli y yo descubrimos que el compañerismo que se construye alrededor de la comida realmente fortalece la comunión.

"Jesús pasó por los Evangelios comiendo"

Las células que pasaron tiempo comiendo juntas también experimentaron la comunión más profunda como podemos ver a continuación.

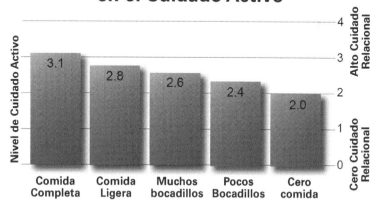

El Efecto de la Comida en el Cuidado Activo

	Comida Completa	Comida Ligera	Muchos bocadillos	Pocos Bocadillos	Cero comida
Nivel de Cuidado Activo	3.1	2.8	2.6	2.4	2.0

Comer juntos dio a las células más comunión y afectó positivamente la salud celular. Comer juntos no es una fórmula mágica, pero sí contribuye a la comunión y ahora tenemos estadísticas para probarlo.

En 2017, tuve el privilegio de ministrar en la Iglesia de Gracia en Seattle, Washington. El pastor principal, Ryan Faust, hizo la transición de una iglesia tradicional de 60 años a una iglesia con orientación celular. Todos sus ancianos dirigen una célula que comienza con una comida. Mi esposa y yo escuchamos sus historias en un restaurante de Seattle, y un tema quedó claro: se forjaron relaciones profundas alrededor de la comida.

> *Comer juntos dio a las células más comunión y afectó positivamente la salud celular*

Mientras estuvimos en Washington, visitamos a mi hija y a su esposo, quienes dirigen una célula local en Puyallup, Washington. Son parte de una iglesia que alienta a todas sus células a comenzar con una comida. Durante mi tiempo en Washington, seguí pensando: "Comer juntos juega un papel vital en esta comunidad". Abre la vía para la comunicación. ¿Deben todas las células comenzar con una comida? No lo creo. ¿Es una gran idea hacerlo? ¡Sí![28]

Examinamos más profundamente la frecuencia de comer juntos, y descubrimos que, si bien la regularidad es importante, se debe evitar la rutina sin sentido. La variedad es la sal de la vida y esto es cierto con la comida. Una semana, es posible que desees tomar un refrigerio ligero y a la siguiente una comida completa. A mi propia célula le gusta rotarse a un restaurante local donde podemos encontrar un espacio aislado

> *Si bien la regularidad es importante, se debe evitar la rutina sin sentido.*

apartado del ruido. Algunos de los asistentes vienen directamente del trabajo, así que pedir comida funciona muy bien para ellos. Descubre lo que funciona mejor para ti a medida que pruebas una variedad de maneras de incluir alimentos en la célula.

La Comunión Importa

Dios lentamente me ha abierto los ojos a la importancia de la comunión en el ministerio celular. Podría ser la forma más importante de atraer gente a una célula hoy en día. La gente se siente cada vez más aislada en una sociedad impersonal. Los niños criados en hogares monoparentales se están convirtiendo en la norma. E incluso cuando los padres viven juntos, el sentido de comunión es débil y está maltratado por el ajetreo y las relaciones superficiales.

Jesús ofrece comunión a los quebrantados y solitarios. Él desea que se sientan amados en un entorno familiar. Los grupos celulares de hoy, al igual que en la iglesia primitiva, son una forma maravillosa de demostrar la nueva comunión de Cristo.

La buena noticia es que la comunión bíblica es tan atractiva que los invitados se quedan, se alcanzan nuevas personas y se forman nuevos líderes. El desarrollo de la comunión nunca debe ser la técnica principal para producir crecimiento. Por el contrario, el atractivo de la comunión bíblica edifica a los recién llegados y los fortalece hasta el punto de querer comenzar sus propias células. La comida juega un papel fundamental en el proceso, como lo demostraron Jesús y la iglesia primitiva.

Puntos a Considerar

- ¿Cuál es el principio fundamental que has aprendido de este capítulo? ¿Cómo lo aplicarás?

- La comunión y el crecimiento están vinculados en este capítulo. ¿Cómo has visto este enlace en tu propia célula?

- ¿Qué puedes hacer en tu célula para reforzar la comunión?

- ¿Comen juntos? ¿Si no, por qué no? Planifica una actividad con tu célula que involucre comida.

5

El Alcance Profundiza la Transparencia

Hace algunos años, alenté a mi célula a invitar a la próxima reunión celular a amigos que no asistían a la iglesia. Me quedé pasmado cuando Judy, una miembro antigua, dijo: "No quiero gente nueva en nuestra célula. Estoy aquí para tener un tiempo de comunión. Quiero poder compartir y no tener a alguien nuevo en la célula. Estoy rodeada de incrédulos durante la semana, pero aquí en la célula, quiero compartir mi corazón con personas que conozco bien, como todos ustedes". Otros estuvieron de acuerdo. Sus palabras dolieron porque sabía la

¿Puede el alcanzar a nuevas personas generar una comunión más profunda?

importancia del evangelismo celular, pero Judy insistió fuertemente en excluir a las personas ajenas a la célula para enfocarse en la intimidad entre los miembros de nuestra célula. ¿Tenía razón? ¿Invitar a nuevas personas comprometerían nuestro tiempo para compartir en comunión?

Hablé con Judy la semana siguiente, recordándole el compromiso de nuestra célula de alcanzar a otros, y ella aceptó vacilante. Sin embargo, sus objeciones me incitaron a considerar la pregunta: ¿Crecen más los grupos cerrados en comunión y transparencia? Después de todo, tener comunión con las mismas personas semana tras semana parecería proporcionar una mejor atmósfera para compartir de forma transparente. Si a las nuevas personas se les permitiera entrar al grupo, ¿no debilitaría eso la comunión?

> **¿Invitar a nuevas personas comprometerían nuestro tiempo para compartir en comunión?**

Hallazgo Sorprendente: el alcance celular fortalece el intercambio transparente

Los cuatro hombres que asistían a la célula de Jerry eran fieles y comprometidos. Pero también oraban para que nuevas personas se les unieran, poniendo una silla vacía durante cada reunión y orando para que Dios trajera a personas a sentarse en ella. Finalmente, Dios respondió su oración cuando Carl asistió a una barbacoa de alcance. Carl, el vecino de al lado de uno de los miembros, era sociable y cautivador. La primera noche, él compartió con el resto que había luchado con las drogas, pero

Dios lo estaba liberando. Después de asistir a la célula durante unas semanas, Jerry dijo una noche: "Carl, le das mucha vida a nuestra célula. Has traído una dinámica nueva y refrescante, y gracias por venir. "Carl no solo compartió sus propias luchas, sino que pareció alentar a otros a hablar con más libertad.

¿Pero fue esto una excepción? ¿Las células que tienen alcance mantienen una comunión profunda y transparente o se dejan llevar por la comunicación superficial cuando asisten nuevas personas? Esta es una pregunta que Jim Egli y yo examinamos a fondo en nuestra investigación con la pregunta: «¿Los miembros de mi célula se sienten libres de compartir problemas muy personales y luchas entre ellos?" Nos sorprendieron nuestros hallazgos. Las células fuertes en el área del alcance fueron dos veces más propensas a tener fuertes niveles de intimidad.[29] Este descubrimiento va en contra de nuestra forma de pensar natural que dice: "Cierren las puertas para que podamos tener más comunión. Nuestros miembros no se abrirán si invitamos a nuevas personas y alcanzamos a los perdidos".

> *Las células fuertes en el área del alcance fueron dos veces más propensas a tener fuertes niveles de intimidad*

Como se ilustra en el siguiente gráfico, las personas en células abiertas se sienten significativamente más cercanas entre sí que las personas en células cerradas. De hecho, las células abiertas con alcance experimentan casi el doble de intimidad (79%) que las células cerradas (41%).

Las Células Abiertas Experimentan más Intimidad

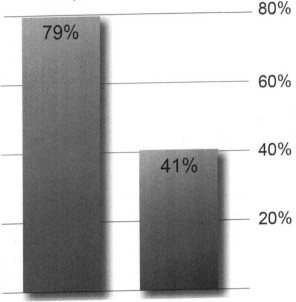

% de Células donde las Personas Comparten sus Luchas Personales

79%

41%

80%

60%

40%

20%

Células Abiertas vs. Cerradas

La encuesta mostró claramente que las células de hecho prosperan en la comunión profunda entre ellas cuando los visitantes están presentes y cuando el alcance es una parte consistente de las actividades de la célula. En otras palabras, compartir problemas y luchas personales no ocurrió más fácilmente en las células cerradas. Fue justo lo opuesto. Las células abiertas y evangelizadoras eran más íntimas que las células cerradas. Los miembros sentían la libertad de compartir libremente, mientras que al mismo tiempo invitaban a nuevas personas a la célula. Este capítulo demuestra cómo alcanzar a otros fortalece el nivel de transparencia en la célula en lugar de obstaculizarlo. Pero, ¿por qué es esto cierto?

Sanadores Heridos

Compartir de forma transparente en la célula les muestra a los que no son cristianos que los creyentes no son perfectos, simplemente son perdonados. Una de las tácticas principales de Satanás es convencer a la gente de que Dios requiere estándares inalcanzables y que solo las personas "buenas" entran al cielo. El evangelismo dentro de la célula corrige este concepto erróneo. Compartir abiertamente les da a los incrédulos un nuevo sentido de esperanza al darse cuenta de que los cristianos también tienen debilidades y luchas. La diferencia es que los cristianos colocan sus pecados y luchas al pie de la cruz de Jesús.

Dora vino a nuestra célula en Ecuador. Ella sintió la libertad de compartir con el grupo celular sus dudas sobre la religión. La gente la escuchó, la amó y compartió sus propias dudas y testimonios. Animamos a Dora a seguir compartiendo con nosotros y también a ir directamente a Dios con sus dudas. Un martes por la tarde en diciembre, mostramos parte de la película "Jesús" en nuestro hogar como parte de un evento especial de alcance para navidad. Dora estaba con nosotros, junto con otros amigos. Dora estaba acostumbrada a decir lo que pensaba en la célula y se sentía cómoda con todos los presentes. Después de mostrar la presentación, de repente Dora dijo: "Estoy

> *Una de las tácticas principales de Satanás es convencer a la gente de que Dios requiere estándares inalcanzables y que solo las personas "buenas" entran al cielo*

confundida". Todos quedaron asombrados, pero simplemente amamos a Dora y la cuidamos como parte de nuestra familia. Una semana más tarde, Dora recibió a Jesús en nuestra casa. Dios usó a mi esposa Celyce para llevar a Dora a Jesús, pero mi esposa fue solo un instrumento. Las dudas de Dora incitaron al resto del grupo a compartir más libremente. La gente se sintió alentada por las profundas necesidades de Dora y profundizó a su vez para compartir sus propias preocupaciones. Compartir de forma transparente fue la clave en la conversión y maduración de Dora. Nuestra célula creció en fe al ministrarle a Dora, y todos crecimos en intimidad el uno con el otro en el proceso de alcanzar a los perdidos. Primera de Corintios 14: 24–25 saca esto a la luz:

> Pero, si uno que no cree o uno que no entiende entra cuando todos están profetizando, se sentirá reprendido y juzgado por todos, y los secretos de su corazón quedarán al descubierto. Así que se postrará ante Dios y lo adorará, exclamando: "¡Realmente Dios está entre ustedes!"

Pablo estaba escribiendo a las iglesias en las casas ya que literalmente todos los presentes podían profetizar. Si todos podían profetizar, entonces debe haber sido un grupo lo suficientemente pequeño para que todos pudiesen hablar. La palabra *profetizar* en este pasaje se refiere a "declarar la verdad".[30] Pablo estaba diciendo que todos podían hablar palabras de verdad respecto a las necesidades del incrédulo.[31]

Cuando una persona en la célula manifiesta una necesidad, hay una oportunidad repentina de ministrar. Surgen los dones espirituales. Se comparte. Cuando no se expresan las necesidades, las personas a menudo se retiran y se vuelven reservadas. La presencia de personas con heridas reales despierta al resto del grupo para demostrar atención y preocupación por los que están sufriendo.

Richard Peace, catedrático de evangelismo en Fuller Theological Seminary (Seminario Teológico Fuller), escribió un libro titulado *Evangelismo en las Células*.[32] Peace señala que el evangelismo en las células es un proceso natural. Los que no son cristianos pueden hacer preguntas, compartir dudas y hablar sobre su propia travesía espiritual. Notas de Peace: "Nuestra falta de honestidad es probablemente el mayor obstáculo para testificar de una manera fácil y natural".[33] Vale la pena mencionar esta última cita. "Nuestro fracaso para ser honestos" es un gran obstáculo. A veces los cristianos quieren esconder

> **La presencia de personas con heridas reales despierta al resto del grupo para demostrar atención y preocupación por los que están sufriendo**

sus problemas para impresionar al incrédulo con sus vidas inmaculadas. Tal vez están pensando: "Si hablo demasiado sobre mis luchas y necesidades, el incrédulo se preguntará si Jesús realmente hace la diferencia". La verdad, sin embargo, es que somos simplemente un mendigo que le dice a otro mendigo dónde conseguir pan. Todos luchamos con una debilidad u otra.

El evangelismo en la célula no enfatiza un enfoque preparado y memorizado. El evangelio se comparte de manera amorosa y natural a través de las vidas de aquellos que están presentes. A menudo los no creyentes se mantienen alejados de las iglesias porque tienen la idea errónea de que tienen que ser lo suficientemente buenos para convertirse en cristianos. Han conocido a cristianos que no cumplieron con los estándares bíblicos y han visto la falsedad en los miembros de la iglesia y en los medios de comunicación cristianos. Los no creyentes anhelan conocer, ver y oír a las personas que están en una travesía, luchando con Dios todos los días, dispuestos a hablar sobre cosas como los conflictos matrimoniales y a compartir abiertamente el poder de Cristo que cambia a las personas. Estos no creyentes se sienten alentados cuando van a una comunidad de personas honestas que están dispuestas a compartir sus luchas con el pecado y su dependencia del

> **Los no creyentes anhelan conocer, ver y oír a las personas que están en una travesía, luchando con Dios todos los días**

Dios viviente. Este tipo de autenticidad a menudo gana personas para Cristo.

Todos enfrentarán conflictos, enfermedades, pruebas y finalmente la muerte. Los incrédulos están buscando respuestas y probablemente encuentren pocas que les satisfagan. Satanás y este mundo ofrecen alternativas atractivas, pero la mayoría de los sustitutos de Dios fallan y la búsqueda continúa.

La célula es un lugar emocionante para alcanzar a las personas para Cristo. La atmósfera del hogar genera relaciones cálidas y afectuosas,[34] y en este contexto, los hechos del Evangelio se presentan no como proposiciones frías que no han sido probadas, sino como verdades vivas visibles en la vida de los demás. La gente se siente naturalmente atraída por Jesucristo. Los inconversos pueden hacer preguntas, compartir dudas y hablar acerca de sus propias travesías espirituales.[35]

Caminando en la Luz

La transparencia literalmente significa ver a través, como con vidrio transparente. La verdadera comunión cristiana no es secreta, sino honesta, abierta y libre de mentiras y oscuridad.

Juan describe la transparencia al decir ". . . si vivimos en la luz, así como él está en la luz, tenemos comunión unos con otros, y la sangre de su Hijo Jesucristo nos limpia de todo pecado."(1 Juan 1: 7). En las primeras reuniones de la iglesia en las casas, se animaba a cada persona a compartir libremente, como dice Santiago: "Por eso, confiésense unos a otros sus pecados, y oren unos por otros, para que sean sanados. La oración del justo es poderosa y eficaz." (Santiago 5:16).

Las primeras iglesias en las casas se multiplicaron a lo largo del Imperio Romano, practicando tanto el evangelismo como la hospitalidad abierta. Nuevas personas se unían a su comunidad, y las iglesias de las casas crecían y se multiplicaban.

Cuando Jesús transformaba a las personas, éstas se comportaban de manera diferente, y amigos y vecinos se sentían atraídos a esta nueva comunidad transformada. Sus estilos de vida cambiados se extendían a la comunidad que los rodeaba y, al mismo tiempo, su comunión íntima aumentaba. La gente podía ver los cambios de cerca ya que la vida en comunidad se vivía abiertamente. Las iglesias en las casas se basaban en las relaciones, pero también eran muy efectivas en el alcance. Cuando Dios trabaja, ambas cosas pasan. ¡Jesús cultiva un profundo amor en nuestras vidas el uno por el otro, y por aquellos que aún lo necesitan!

> Cuando Jesús transformaba a las personas, éstas se comportaban de manera diferente, y otros se sentían atraídos a esta comunidad

El atractivo de esta nueva sociedad, "que recibió este llamado" se extendió por todo el mundo mediterráneo. Cuando las personas notaron cómo vidas eran cambiadas y cómo los creyentes se unían, ellos creyeron en el mensaje del evangelio. Los esposos amaban a sus esposas, los esclavos eran tratados con dignidad, y los cónyuges se sometían unos a otros. Amigos y vecinos se sintieron atraídos por esta nueva comunidad transformada. El movimiento cristiano atrajo a las personas debido al comportamiento de los creyentes entre sí y hacia aquellos fuera de la iglesia.

La intención de Dios para las primeras iglesias en las casas nunca fue cerrarlas a un mundo agonizante a su alrededor. Más bien, Dios agregó nuevos miembros y, a veces, permitió que se dispersaran cuando se ponían demasiado cómodos, como en el caso de la iglesia de Jerusalén. En Hechos 8: 1 leemos: " Aquel día se desató una gran persecución contra la iglesia en Jerusalén, y todos, excepto los apóstoles, se dispersaron por las regiones de Judea y Samaria. ". ¿Y qué hicieron? " Los que se habían dispersado predicaban la palabra por dondequiera que iban" (Hechos 8: 4). Y leemos a lo largo del libro de Hechos que la iglesia primitiva era un movimiento de casa en casa que se celebraba siempre que era posible (Hechos 2: 42–46, Hechos 5:42, Hechos 20:20). A medida que nuevas personas son invitadas a una célula, la gente se emociona y desea compartir más de sus vidas en el proceso.

> *A medida que nuevas personas son invitadas a una célula, la gente se emociona y desea compartir más de sus vidas en el proceso*

Cuando el grupo celular solo se enfoca internamente en la comunión, le falta un aspecto importante del crecimiento espiritual y no logra llevar a los miembros de la célula al siguiente nivel de transparencia y discipulado. El mismo proceso de evangelismo en grupos celulares trae crecimiento espiritual, no solo cuando alguien llega a la célula o recibe a Jesús. Por lo tanto, animo a las células a orar por los perdidos cada semana y a planificar formas de alcance.

Gustad y Ved

Mi apellido "Comiskey" es de ascendencia irlandesa. Cuando nosotros, como familia, visitamos Irlanda en 2007, estábamos ansiosos por explorar la zona. Definitivamente, la mejor experiencia del viaje para mí fue ver dónde San Patricio ministró y comprender el impacto que tuvo Patricio en Irlanda. Combinó el discipulado con el evangelismo, y su estrategia relacional inició un movimiento que cambió al mundo.

En el siglo V A.D., cuando Patricio tenía unos catorce años, fue capturado por asaltantes irlandeses y llevado como esclavo a Irlanda, donde vivió durante seis años antes de escapar y regresar con su familia a Inglaterra. Dios salvó a Patricio, lo preparó para ser obispo en la iglesia, y luego lo llamó para regresar a Irlanda como misionero. El ministerio de San Patricio fue tan efectivo que no solo la mayoría de Irlanda se convirtió, sino que Dios usó la iglesia en Irlanda para enviar misioneros por todo el mundo.

El modelo de Patricio de alcanzar a otros fue altamente relacional, hospitalario y orientado a la comunidad. Vivían la vida en comunidad, pero esto nunca fue un fin en sí mismo. Nunca perdieron de vista la posibilidad de ceder su comunidad. Patricio y sus seguidores se mudarían a un área pagana para modelar la comunidad cristiana. Tomaron en serio el pasaje del libro de los Salmos que dice: " Prueben y vean que el Señor es bueno; dichosos los que en él se refugian. "(34: 8). Patricio creía que la verdad primero

Patricio creía que la verdad primero se aprende y luego se enseña

se aprende y luego se enseña.

El movimiento celta de San Patricio se basó en la propia estrategia evangelística de Cristo, como se ve en Juan 17, donde Juan les dice a los discípulos que el mundo conocería y creería por su unidad. De hecho, las bandas de creyentes de Patricio hablaban mucho sobre el amor y la unidad dentro de la Trinidad y utilizaron el trébol de tres hojas para explicar la Trinidad. Sus estilos de vida honestos y transparentes atrajeron a otros a querer seguir a Jesús y unirse a sus células.

Patricio enseñó que pertenecer viene antes de creer. Invitaron a los que estaban interesados a unirse a su comunidad y participar en ella. Los que ingresaron al grupo vieron vidas ser transformadas, el amor en acción y cómo se supone que los discípulos deben actuar. Los que estaban interesados fueron invitados a convertirse en discípulos de Cristo. Como resultado de esta estrategia, muchos recibieron a Jesús, nuevas células se multiplicaron y bandas misioneras se infiltraron en áreas no alcanzadas. El discipulado y el alcance estaban íntimamente conectados.

> **El discipulado y el alcance estaban íntimamente conectados**

San Patricio comenzó un movimiento, y lo hizo mediante el desarrollo de relaciones con las personas y la alimentación de su imaginación mediante el uso de símbolos que entendían. Muchos han hecho comparaciones con el ministerio de San Patricio y nuestra propia situación actual. Al igual que la civilización durante la época de San Patricio, la gente de hoy está hambrienta por relacionarse. Quieren ver a Cristo entre ellos, involucrarse en una comunidad y luego crecer naturalmente en su relación con Cristo.

Lo que Patricio logró en su día fue muy similar al evangelismo en la iglesia primitiva, donde los vecinos podían ver, oír y probar el fruto de vidas cambiadas. Los incrédulos querían un cambio, se hacían creyentes, y luego crecían naturalmente como discípulos, ya que participaban en una nueva comunidad. Las personas que eran salvas en esas iglesias en las casas eran inmediatamente conocidas por el resto de los miembros, se convertían en parte de una nueva familia, podían ejercer sus dones y talentos, y finalmente se convertían en fuertes discípulos de Jesucristo.

Juan Wesley practicó una estrategia similar a las células celtas. El intercambio abierto fue la piedra angular de las células de Wesley en el siglo dieciocho. Cuando Wesley murió, dejó atrás una iglesia de 100,000 miembros y 10,000 células. Los grupos celulares de Wesley (llamados reuniones de clase) normalmente duraban una hora, y el evento principal era "el informe de tu alma".[36] La clase se abría con una canción. Entonces el líder compartía una experiencia personal y religiosa. Después, él preguntaba sobre la vida espiritual de aquellos en la célula. La reunión se basaba en el intercambio de experiencias personales de la semana pasada. Las reuniones de clase de Wesley se describen mejor con una palabra: "transparencia".

En las células de Wesley, se esperaba que todos hablaran libre y plenamente sobre cada tema, desde sus propias tentaciones hasta la construcción de una nueva casa. Dentro de este marco de "compartir abiertamente", muchos se convirtieron. Los corazones de los pecadores se derretían al interactuar con "pecadores salvos". Jesucristo hizo toda la diferencia.

Las iglesias han pasado innumerables horas intentando descubrir cómo conectar el "seguimiento" con el evangelismo. El problema es que el primer paso se ha divorciado del segundo. En los modelos relacionales ofrecidos por las primeras iglesias en las casas, San Patricio y Juan Wesley trajeron personas a la comunidad, les permitieron interactuar con personas transformadas, y el discipulado sucedió naturalmente en el proceso.

Las relaciones formadas con amor atraen a las personas. Jesús nos dijo que nuestro amor mutuo atraería a un mundo incrédulo a Él. A medida que la iglesia se ame, las personas se sentirán atraídas por Jesús, se convertirán en discípulos y luego repetirán el proceso de hacer más discípulos.

Del Hospital a la Sanidad

2015 fue un año difícil para mi esposa y nuestra familia. Celyce estaba en el hospital con frecuencia por diverticulitis y tuvo que someterse a una operación de colon. Agradecimos su cuidado en el hospital, pero no podíamos esperar para irnos. La comida del hospital era insípida, apenas comestible, y la paz silenciosa era un lujo. Todos anhelábamos que ella sanara para poder ir a casa.

La iglesia es un hospital y las células son el lugar perfecto para encontrar respuestas que sanan. El objetivo es la transformación y la sanidad. Cuando una persona o pareja revela una lucha, estos buscan ayuda. "Ora por mí". "Ayúdame". "Queremos dejar de pelear y empezar a entendernos", comparte la joven pareja. Tal intercambio profundo surge de un sincero deseo de cambiar.

Tu grupo no tiene que decidir entre el alcance y la intimidad. Puedes tener ambos. Tu célula se hará más íntima a medida que alcancen a los perdidos. Y a medida que los recién llegados se unan, agregarán nueva vida y visión a la célula. Sus historias iluminarán al

> A medida que los recién llegados se unan, agregarán nueva vida y visión a la célula

resto y evitarán que la célula se vuelva aburrida y rutinaria. Aquellos que han sido seguidores de Cristo por muchos años repentinamente encontrarán nuevas razones para compartir sus años de experiencia y practicar sus dones. Aquellos que son nuevos se beneficiarán de esa sabiduría madura. Todos serán alentados y transformados en el proceso.

Puntos a Considerar

- ¿Cuál es el principio fundamental que has aprendido de este capítulo? ¿Cómo lo aplicarás?

- ¿Te sientes animado a compartir de forma transparente cuándo hay nuevas personas en el grupo? ¿Por qué o por qué no?

- Comparte una experiencia de cuando alguien nuevo se unió a tu célula. ¿Cómo cambió la atmósfera?

- El intercambio transparente ayuda en el proceso de sanidad. ¿Qué puedes hacer para mejorar el nivel de transparencia en tu célula?

6 Células Adoradoras Exitosas

Antes de hablar con cien líderes de células durante un seminario de sábado, el pastor principal me dijo: "No enseñen sobre la adoración como parte de la célula. No practicamos la adoración en nuestras células. Es demasiada molestia preparar la alabanza y adoración, y después de todo, nuestras células son principalmente para inconversos".

"Está bien", asentí por fuera, mientras luchaba por dentro con esta nueva confesión. Entendía que un cierto número de células podría no tener adoración, ¿pero excluir la adoración de todas las células?

Mucha adoración trae vida y atrae a los perdidos

Algunos creen, como este pastor en particular que, para atraer a los inconversos, es mejor no parecer demasiado cristianos y especialmente evitar la alabanza y adoración, que pueden hacer que los incrédulos se sientan incómodos. ¿Pero es esto cierto?

Hallazgo Sorprendente:
Las Células Exitosas Priorizan la Adoración y la Espiritualidad

Una célula de un campus universitario se sentía consumido por buscar formas de atraer a los no creyentes. Los eventos sociales no estaban funcionando, a pesar de todas las invitaciones y planificación. Finalmente, uno de los trabajadores exasperado dijo: "Traeré a mi amigo que no es cristiano a la reunión de oración esta noche". El líder del campus temía lo que podría pasar. ¿Podría el inconverso sentirse desanimado por la lectura de las Escrituras, la adoración cristiana y el compartir con profundidad?

Este no creyente vino a la reunión y disfrutó de cada momento. Estaba emocionado de ver a la gente adorando. Le gustaba el intercambio profundo. Él probó la autenticidad, ¡y le pareció algo bueno! Mientras reflexionaban sobre lo sucedido, llegaron a ver que sus amigos no cristianos estaban hambrientos de Dios y de tener relaciones auténticas. No querían los programas impersonales de alta potencia. Querían experimentar ver a las personas orando, leyendo las Escrituras y adorando a Dios.

> ¿Podría el inconverso sentirse desanimado por la lectura de las Escrituras, la adoración cristiana y el compartir con profundidad?

¿Pero es esto normalmente cierto? Les preguntamos a los que tomaron la encuesta si incluían la alabanza y adoración en su célula. Teníamos curiosidad si incluir un tiempo de adoración afectaría el crecimiento de las células, particularmente el evangelismo. Después de todo, los inconversos no conocen las alabanzas de adoración cristiana. ¿La alabanza y adoración los hacen sentir incomodos e impiden el alcance? Un gran porcentaje de las células dijeron que incluían la alabanza y adoración (77%). Y las células que adoraron crecieron más rápido que las que no lo hicieron. La alabanza y adoración afectan positivamente a los invitados, y las células que incluyeron la adoración también fueron más efectivas en el evangelismo.

La Adoración Acelera las Conversiones

% de Células que Vieron a al Menos Una Persona Recibir a Cristo en los Últimos Seis Meses

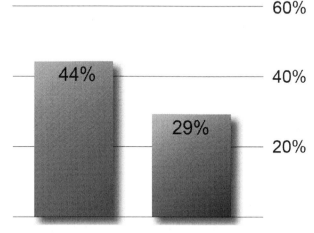

Grupos con Adoración vs. Grupos Sin Adoración

A partir de esto, podemos concluir que la adoración no es una barrera para los invitados, a pesar de que no estén familiarizados con las alabanzas. Evidentemente, la presencia de Dios experimentada en la adoración puede ser sentida por estas nuevas personas y ayuda a atraerlos a la célula y a Cristo.

Las células que florecen se enfocan en Jesús. Cuando las personas experimentan la presencia y el amor de Cristo, ellos lo notan. El evangelismo más efectivo es elevar a Jesús y permitir que Jesús ministre a las personas. De hecho, recomendamos incluir tanta adoración como sea posible. Incluye a Dios en tu célula y le darás la bienvenida a los inconversos.

> **Incluye la adoración. Incluye a Dios en tu célula y le darás la bienvenida a los inconversos**

Las personas se unirán a la célula porque quieren experimentar a Dios; tienen peticiones de oración y otras necesidades; ellos están hambrientos de apoyo de personas bondadosas y de Dios. Al no incluir la adoración, los recién llegados pueden decidir que el grupo no vale su tiempo. Ellos pueden obtener interacción social en cualquier lugar: en Starbucks, en el trabajo o al salir con un amigo. Pero, ¿dónde pueden ir para encontrar a Dios? Es muy probable que sea por eso que vinieron a la célula. No escondas a Jesús. Deja que sea el centro de la actividad dentro de la célula.

La Iglesia Comunidad de Antioquía, con sede en Waco, Texas, comenzó como un movimiento juvenil en el campus de la Universidad Baylor y ahora planta iglesias en todo el mundo, centrándose en los jóvenes cuyo objetivo es alcanzar un mundo perdido para Jesús. Todas sus células adoran a Dios y le piden que ministre a los presentes. Un líder de célula de jóvenes describió una de las reuniones de su célula:

Cada joven que entró por la puerta de la célula lloraba durante la adoración mientras nosotros orábamos por ellos, hablábamos palabras proféticas sobre sus vidas y escuchábamos sus corazones. La cabeza de un estudiante fue sanada, otra chica decidió darle su vida al Señor por primera vez, y todos experimentaron un toque profundo de Jesús.

Es cierto que no todos los grupos son tan dinámicos como este, pero la Iglesia Comunidad de Antioquía proactivamente hace de Dios el centro de la actividad dentro de la célula para que los creyentes y los inconversos experimenten su presencia.

Jim y yo no preguntamos cuánto dura la adoración en la célula. Simplemente preguntamos a aquellos que toman la encuesta si la adoración a través de la alabanza es parte de sus reuniones normales. Entonces, ¿cuánta adoración debería incluirse? Aconsejamos pedirle al Espíritu Santo que sea tu guía. Algunas células pueden querer tener reuniones con tiempos de adoración prolongados. Estos tiempos pueden incluir otros elementos como tomar la

> **Pídele al Espíritu Santo que sea tu guía**

santa cena como célula y orar los unos por los otros y por su comunidad.

Dios responde a la adoración sentida por el corazón

Josafat tenía un problema. Como rey de Israel, fue comisionado para proteger a su nación. Sin embargo, un gran ejército de Edom estaba acampando en su frontera, listo para destruir a la nación de Israel. La respuesta inmediata de Josafat fue miedo.

Sin embargo, él también dio el siguiente paso: buscó a Dios y proclamó un ayuno por todo Israel. Mientras toda la nación esperaba ante Dios, el Espíritu de Dios vino sobre Jahaziel, hijo de Zacarías, y profetizó a los presentes, "No tengan miedo ni se acobarden cuando vean ese gran ejército, porque la batalla no es de ustedes, sino mía" (2 de Crónicas 20:15).

¿Qué tipo de plan de batalla le dio Dios a la nación de Israel? ¡Un plan de adoración! La historia continua:

> Josafat designó hombres para cantar al Señor y alabarlo por el esplendor de su santidad cuando salieron a la cabeza del ejército, diciendo: "Den gracias al Señor; su gran amor perdura para siempre." Tan pronto como empezaron a entonar este cántico de alabanza, el Señor puso emboscadas contra los amonitas, los moabitas y los del monte de Seír que habían venido contra Judá, y los derrotó. (2 de Crónicas 20:21-22).

Dios a menudo se mueve cuando su pueblo adora. La adoración anuncia el comienzo de una atmósfera en la cual los dones del Espíritu operan libremente. Cuando el pueblo de Dios lo alaba y adora, Dios aparece y comienza a hablar a través de los creyentes que han recibido sus dones.

Tuve el privilegio de ir a Israel en 2011. Recorrimos el sitio del templo antiguo y nuestro guía nos dijo: "Podríamos estar ahora mismo en los mismos escalones sobre los que Pedro habló a las multitudes después de que las lenguas de fuego descendieron sobre aquellos en el aposento alto". Me quedé sin palabras. Esos pasajes del capítulo dos de Hechos adquirieron un nuevo significado ese día.

> **Cuando el pueblo de Dios lo alaba y adora, Dios aparece**

En Hechos 1 y 2, leemos que aquellos que recibieron las lenguas de fuego estaban de acuerdo en oración (Hechos 1:14; 2: 1). Ellos adoraban a Dios juntos, y el resto es historia. El Espíritu descendió, la gente fue salva y se inició un nuevo movimiento. A medida que el movimiento se extendió, Pablo fue a Filipos a predicar el evangelio. Tanto Pablo como Silas fueron severamente azotados y arrojados a la cárcel con sus pies sujetos a las cepas. ¿Se quejaron y rezongaron? Leemos: "A eso de la medianoche, Pablo y Silas se pusieron a orar y a cantar himnos a Dios, y los otros presos los escuchaban" (Hechos 16:25). Dios respondió con un terremoto y soltó las cadenas de todos. Como resultado, el carcelero y toda su familia se convirtieron.

Las células que prosperan se enfocan en Dios y en su gloria. Los inconversos son evangelizados por la poderosa presencia de Dios en la célula. La adoración dinámica y la rica aplicación de la Palabra de Dios convierten a aquellos que no conocen a Jesús. Eddie Gibbs dice: "Pero en la sincera adoración de un pueblo entregado a él . . . Dios se complace en habitar en las alabanzas de su pueblo. Los que no son salvos también están más predispuestos a sentir la presencia de Dios".[37]

En su libro *Evangelismo de Adoración*, Sally Morgenthaler hace un llamado a la iglesia para que considere el notable potencial inexplorado de la adoración para alcanzar a aquellos que no son seguidores de Jesucristo. Morgenthaler muestra cómo lograr una adoración que sea tanto culturalmente relevante como auténtica. A menudo se refiere a Juan 12:32 donde Jesús declara, "Pero yo, cuando sea levantado de la tierra, atraeré a todos a mí mismo". Cuando adoramos como célula, Cristo es exaltado y la gente naturalmente se siente atraída por Él.

Con su presencia viene su poder y todo lo que necesitamos.

Hablando sobre la importancia de la adoración, John Wimber, el fundador del movimiento Viña, solía decir: "El poder está en la presencia". Wimber distinguió entre buscar la mano de Dios—lo que puede hacer por nosotros—y buscar su rostro—expresarle nuestro amor y gratitud. Con su presencia viene su poder y todo lo que necesitamos. Jesús atrae a las personas hacia sí mismo tanto en la adoración como en la célula. Dondequiera que Jesús iba, la multitud lo seguía. Querían estar cerca de él. Querían experimentar su toque sanador y su poder liberador. Querían escuchar sus palabras alentadoras. Es lo mismo hoy. Su presencia es lo más importante de una célula exitosa. No debemos permitir que nada más se convierta en nuestro enfoque.

Más Allá de la Música

La adoración siempre fue parte de nuestras células intergeneracionales, que mi esposa y yo dirigimos durante muchos años. A menudo mis hijos dirigían el tiempo de adoración, y nos encantaba. Hace varios años, comencé a dirigir una célula de hombres que no siempre ha incluido la alabanza y adoración. Sin embargo, he notado que cada vez que lo hacemos, las personas responden con gratitud. Recientemente hemos adorado junto con un nuevo miembro de la célula. Cantamos alabanzas de adoración con la ayuda de un video de YouTube de Hillsong. Cada miembro tiene letras impresas y puede leerlas al cantar. Una de las personas era un amigo que solo había estado en la célula unas cuantas veces. Él apreciaba poder leer las letras, cantar cuando podía, y la atmósfera de creyentes adorando a Jesús. Antes de irse, uno de los miembros dijo espontáneamente: "Sentí la presencia de Dios esta noche y la adoración fue muy especial".

Muchos líderes se sienten incapaces de dirigir la alabanza en la célula porque piensan que tienen que cantar como Chris Tomlin o ser un guitarrista experto. La realidad es que Dios mira nuestro corazón mientras le alabamos. He experimentado tiempos de adoración en células cuando los miembros gritan un cántico de júbilo (con énfasis en "gritan"). Pero más allá de la música está Dios mismo que habita en las alabanzas de su

> La adoración es más que música. Es amarle y desearle por encima de todo.

pueblo. Y le encanta escuchar la adoración y responder al revelar su dulce presencia.

La adoración es más que simplemente música. Es amarle y desearle por encima de todo. La motivación interna es mucho más importante que los detalles externos. La experiencia de adoración glorifica a Dios y ablanda los corazones de aquellos que están a punto de escuchar su Palabra. El famoso coro de Matt Redman es certero en decir, "Estoy volviendo a lo más importante de la adoración, y se trata de ti; se trata de ti". La adoración es todo acerca de Jesús.

La palabra para *adoración* en el Antiguo Testamento literalmente significa postrarse en el suelo: absoluta humildad ante el Creador. La mayoría de las palabras que se refieren a adorar a Dios se usan en términos físicos: acostarse boca abajo, arrodillarse, pararse, aplaudir, levantar los brazos, danzar, levantar e inclinar la cabeza.

En el Nuevo Testamento, el significado de la palabra *adoración* literalmente significa

> Minístrense "unos a otros con salmos, himnos y canciones espirituales."

"besar". La palabra adoración aparece cincuenta y nueve veces en el Nuevo Testamento. Lee el libro de Apocalipsis si quieres saber lo que la gente de Dios hará por toda la eternidad:

Día y noche nunca dejan de decir: "Santo, santo, santo es el Señor Dios Todopoderoso, el que era y que es y que ha de venir". Cada vez que las criaturas vivientes dan gloria, honor y agradecimiento a él que se sienta en el trono y que vive por los siglos de los siglos, los veinticuatro ancianos se postran ante el que está sentado en el trono y adoran al que vive por los siglos de los siglos. Ponen sus coronas ante el trono y dicen: "Digno eres, Señor y Dios nuestro, de recibir la gloria, la honra y el poder, porque tú creaste todas las cosas; por tu voluntad existen y fueron creadas" (Apocalipsis 4:8-11).

La adoración que incluía la alabanza era común en las primeras iglesias en las casas. Dios dio instrucciones a las iglesias locales sobre lo que deberían hacer. Les dijo que se ministraran "unos a otros con salmos, himnos y canciones espirituales. Canten y alaben al Señor con el corazón". (Efesios 5:19)

Aunque la adoración espontánea y no planificada es maravillosa, la mejor adoración dentro de la célula requiere una planificación diligente. El facilitador o miembro debe elegir algunas alabanzas antes de que comience la célula. Imprima las letras de las canciones y luego distribuya las hojas a todos en la célula. Aquellos que conocen las alabanzas realmente bien no necesitarán las hojas, pero muchos sí las necesitarán.

No necesitas un guitarrista para dirigir la adoración. Puedes crear una lista de reproducción en un teléfono inteligente y conectarla a un altavoz sencillo. Muchas células usan YouTube para proporcionar música de fondo mientras los miembros siguen las palabras en las hojas con las letras. Las alternativas simples y de calidad, que no requieren demasiado tiempo y esfuerzo, están en todas partes en Internet.

La persona que dirige la adoración debe dar una exhortación para comenzar el tiempo de adoración. "Recuerda que Dios está mirando tu corazón", podrían decir. "Reflexiona sobre las palabras de las alabanzas mientras cantas y sabe que, por encima de todo, estás *No necesitas un guitarrista para dirigir la adoración* complaciendo a Dios". Una simple exhortación como esta hace una gran diferencia en la atmósfera.

Es una buena idea permitir tiempos de silencio entre alabanzas y después del tiempo de alabanza. Tanto durante como después de la adoración, permite que las personas oren en voz alta. A menudo en las Escrituras, Dios manifestó su presencia a través de la adoración, y es de vital importancia escucharle durante este tiempo.

En una reunión, el líder concluyó el tiempo de la lección tocando alabanzas de adoración mientras les pedía a los miembros que permanecieran en silencio mientras el Espíritu Santo les ministraba. El Espíritu ministró mientras la célula estaba postrada ante el Señor. La célula se retiró de ese momento súper recargada de alegría. Varios padres que estaban estresados debido a niños y horarios exigentes fueron tocados de forma especial. El tiempo de adoración les dio energía para servir el uno al otro. La conversación dinámica y la comunión caracterizaron los momentos restantes de esa noche.

Cuando los niños estén presentes durante la adoración, anímalos a comprender cuánto Dios los ama y quiere escuchar sus alabanzas a Él. Entre canciones, pide a un niño que ore.

Ayuda a tu célula a ser sensible a la voz de Dios mientras le piden que les muestre cómo alcanzar a los perdidos. Ponlo primero en tu grupo, y Él te dará una atmósfera nueva y dinámica que edificará a los santos y evangelizará a los inconversos. La clave es dejar tiempo para enfocarse en quién es Dios y agradecerle por todo lo que ha hecho. El tiempo dedicado a la adoración enfoca a la gente en nuestro Dios fiel y generoso y los hace receptivos para escucharlo y recibir todo lo que Dios tiene que ofrecer.

Jesús es la Fuente de Poder

En 1972, la NASA lanzó la nave espacial exploratoria Pioneer 10. La misión principal del satélite era llegar a Júpiter, fotografiarlo y a sus lunas y luego transmitir datos a la Tierra sobre el campo magnético, los cinturones de radiación y la atmósfera del planeta. Los científicos consideraron esto como un plan audaz, porque hasta ese momento, ningún satélite había ido más allá de Marte. Pioneer 10 superó con creces las expectativas de sus diseñadores; no solo pasó por encima de Marte, sino también de Júpiter, Urano, Neptuno y Plutón. En 1997, veinticinco años después de su lanzamiento, Pioneer 10 estaba a más de seis mil millones de millas del sol. Y a pesar de la inmensa distancia, el satélite continúa transmitiendo señales de radio a los científicos en la Tierra. ¿Cómo es que el Pioneer 10 continúa emanando señales? Tiene un transmisor de ocho vatios. La clave del éxito continuo del Pioneer 10 es su fuente de energía.

> La clave es dejar tiempo para enfocarse en quién es Dios y agradecerle por todo lo que ha hecho

Jesús es la fuente de poder de las células efectivas. Las células que continúan semana tras semana sin el poder de Cristo son células débiles con poco potencial para tener un impacto

118

en el reino. A medida que los grupos celulares adoren a Jesús, Él responderá, llenando a la célula con su amorosa presencia. El resultado es un servicio eficaz a un mundo lastimado.

Puntos a Considerar

- ¿Cuál es el principio fundamental que has aprendido de este capítulo? ¿Cómo lo aplicarás?

- ¿Practicas la alabanza y adoración en tu célula? ¿Por qué o por qué no?

- ¿Cómo conectó este capítulo la adoración y el evangelismo?

- ¿Qué otras formas de adoración puedes practicar en tu célula además de la alabanza?

7

¡Deja de Estudiar y Comienza a Orar!

Debido a que una escuela en Texas no tenía un sistema de aspersores en funcionamiento, 200 personas perecieron cuando un incendio quemó los edificios. El director comenzó a reconstruir la escuela después de que la conmoción inicial había pasado. Llamaron a una empresa líder en equipos de prevención de incendios para instalar un sistema de aspersores. Cuando la nueva escuela se abrió para la inspección pública, el director señaló los nuevos aspersores en cada aula para eliminar los temores de otro desastre. La escuela funcionó sin problemas durante

¡ora!
¡ora!
¡Y ora
un poco más!

varios años, pero luego necesitaron hacer adiciones a la estructura existente. A medida que avanzaba el proyecto, hicieron un descubrimiento sorprendente. ¡El nuevo equipo de extinción de incendios nunca se había conectado al suministro de agua!

> *Muchos dependen del plan de estudios para hacer o deshacer la experiencia de la célula*

Tenían lo último en tecnología y equipamiento, pero era inútil. Planes de estudio para células abundan hoy en día. Un sinfín de guías de estudio se crean y publican cada año. El plan de estudios de video en línea ofrece soluciones prefabricadas. Muchos dependen del plan de estudios para hacer o deshacer la experiencia de la célula. Pero, ¿es posible que un líder obtenga los mejores materiales y pase horas preparando el estudio solo para ver resultados limitados en la vida de los miembros de la célula?

Hallazgo Sorprendente: La Preparación Espiritual Estimula a las Células Exitosas

Bill y Tammy lideran una de las células en la Primera Iglesia Bautista. Bill a menudo llega a casa del trabajo tarde y no tiene mucho tiempo para prepararse. Debido a que su tiempo es limitado, se ve obligado a elegir entre un estudio más profundo del pasaje bíblico o una preparación espiritual personal. Él supuso que el estudio de la Biblia tenía que ser su prioridad debido a la predicación profunda del pastor Gary cada domingo y su capacidad para citar el texto griego y desentrañar pasajes bíblicos difíciles.

El sorprendente descubrimiento es que el tiempo se invierte mucho mejor en la oración que en la preparación de la lección. La investigación, que involucra a miles de células, subraya dramáticamente la simple verdad bíblica de que la oración debe ser la prioridad en la preparación de las células.

Los líderes eficaces primero deben conectarse al suministro de agua para desbordarse a aquellos dentro de la célula. La dependencia de Dios a través de la oración está relacionada a que personas reciban a Cristo y que invitados lleguen a la célula. La oracion está relacionada con todos los factores que hacen células exitosas. Esos líderes con una fuerte vida de oración fueron mucho más efectivos para guiar a la célula hacia un evangelismo efectivo que aquellos líderes que oraron con moderación.

La Oración Acelera las Salvaciones

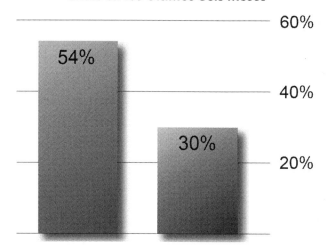

% de Células que Vieron a al Menos Una Persona Recibir a Cristo en los Últimos Seis Meses

Líderes Fuertes en Oración vs. Líderes Débiles en Oración

Curiosamente, la cantidad de tiempo que utilizó el líder estudiando o preparando las preguntas de discusión no marcó ninguna diferencia en el evangelismo y la atracción de nuevos invitados. La conclusión es esta: cuánto oran los líderes hace mucha más diferencia que cuánto estudian.

¿Por qué la vida de oración del líder influye en todas las dimensiones de la vida de una célula? ¿Por qué es la oración tan importante para hacer que el amor de Jesús sea real para las personas nuevas? El análisis estadístico generalmente nos dice el "qué", pero no el "porqué". En este caso, como en la mayoría de los demás, nos queda especular el porqué. En muchos seminarios de células, les hemos preguntado a los líderes de células por qué creen que los líderes que oran tienen los grupos celulares más saludables y evangelísticamente más efectivos. Han sido rápidos en ofrecer estas posibles razones:

- Las personas experimentan la presencia de Dios en células embebidas en oración. A medida que pasamos tiempo con Dios, se libera su presencia fortalecedora y sanadora.
- Los miembros de la célula y los invitados perciben la genuina atención de los líderes que constantemente oran por ellos.
- El gozo de Cristo es evidente cuando las personas están pasando tiempo con Él.
- Los líderes que oran reciben instrucciones de Dios para su célula y sus reuniones celulares.

Sus sugerencias expresan parte de la respuesta, pero tal vez las propias palabras de Jesús dan la mejor respuesta: " Yo soy la vid y ustedes son las ramas. El que permanece en mí, como yo en él, dará mucho fruto; separados de mí no pueden ustedes hacer nada" (Juan 15: 5). El análisis

> *Cuánto oran los líderes hace mucha más diferencia que cuánto estudian*

estadístico dice lo mismo: el dar fruto es resultado de una relación vital con Él.

Permanece en el Hijo

Los girasoles derivan su nombre porque siguen al sol. Cuando el sol sale en el este, el girasol apunta hacia el este. Cuando el sol se pone en el oeste, las flores apuntan al oeste. Estas flores producen muchas semillas porque siempre miran al sol. Cuando un líder de célula permanece en el Hijo de Dios, él o ella dará mucho fruto, tendrá sabiduría para guiar la discusión y ministrará a los que están presentes. Permanecer en el Hijo transformará al líder y a aquellos en la célula.

Pedro nos dice "Su divino poder, al darnos el conocimiento de aquel que nos llamó por su propia gloria y excelencia, nos ha concedido todas las cosas que necesitamos para vivir como Dios manda. Así Dios nos ha entregado sus preciosas y magníficas promesas . . ." (2 Pedro 1: 3-4a). Pablo nos asegura en Efesios 3:12 que en Cristo "mediante la fe, disfrutamos de libertad y confianza para acercarnos a Dios". Por lo tanto, cuando el líder necesita sabiduría, Dios dice que la proporcionará.

> **Permanecer en el Hijo transformará al líder y a aquellos en la célula**

Dios promete dar sabiduría a los que la piden (Santiago 1: 5).

Algunos cristianos cometen el error de decir: "Pero no soy digno". He pecado muchas veces. Le he fallado tantas veces. Así que no puedo acudir a Él y pedir sabiduría ". Pero eso es una excusa para la desobediencia y la incredulidad. Todo cristiano ha pecado. Todo cristiano ha fallado. Todo cristiano es indigno. No venimos a Dios basados en nuestro valor. Venimos a Dios por el mérito de Jesucristo y su sangre derramada. Dado que

Dios nos ordena que le pidamos sabiduría, somos desobedientes e incrédulos si no se la solicitamos.

Prioriza la Preparación Espiritual

Bebo té negro casi todas las tardes. Después de hervir el agua, dejo las bolsas de té el tiempo suficiente para permitir que el té se disuelva en el agua caliente. Si saco las bolsas demasiado rápido, el té no se infusiona por completo. Si solo meto el té en el agua caliente, apenas puedo probar el té. Una buena taza de té primero se infusiona completamente en el agua caliente. Los líderes de células efectivos siguen un patrón similar. No solo entran y salen de la presencia del Espíritu. Más bien, se permiten sumergirse por completo, de modo que el Espíritu impregne todo su ser. Durante la reunión, tienen un sentido de dirección y poder nunca visto.

En nuestro estudio, notamos que el líder típico de una célula tarda de 30 a 60 minutos en preparar la lección, tomándose unos minutos para orar por la célula. En marcado contraste con el tiempo dedicado a la preparación de la lección, la gran mayoría de los líderes (72%) dedica menos de 30 minutos a orar por sus reuniones celulares y por los miembros de su célula. A continuación, se muestra lo que preguntamos y descubrimos sobre el tiempo dedicado a la oración:

En promedio, paso la siguiente cantidad de tiempo por semana en oración pidiéndole a Dios que obre en mi reunión celular y en la vida de los miembros:

0–5 minutos	16%
6–15 minutos	28%
16–30 minutos	28%
31–60 minutos	18%
Más de una hora	30%

¿Qué pasa si los líderes pasan la misma cantidad de tiempo preparándose, pero cambian la forma en que se utiliza ese tiempo? Es mucho más sabio pasar la mayor parte del tiempo orando en lugar de estudiando. Es solo un cambio de prioridades. Con la oración como la nueva prioridad, el líder escucharía la voz de Dios, sentiría su dirección y transformaría a su célula en el proceso. Líderes surgirían naturalmente por-

> **Con la oración como la nueva prioridad, el líder escucharía la voz de Dios**

que el Espíritu de Dios controlaría cada parte del proceso.

En el libro de Daniel capítulo 2, el rey Nabucodonosor exigió que los sabios y los astrólogos no solo interpretaran su sueño, sino que también le dijeran lo que era. Los astrólogos respondieron al rey,

¡No hay nadie en la tierra capaz de hacer lo que Su Majestad nos pide! ¡Jamás a ningún rey se le ha ocurrido pedirle tal cosa a ningún mago, hechicero o astrólogo! Lo que Su Majestad nos pide raya en lo imposible, y nadie podrá revelárselo, a no ser los dioses. ¡Pero ellos no viven entre nosotros! (Daniel 2:10-11).

El rey estaba tan indignado que ordenó que ejecutaran a los sabios. Cuando Daniel escuchó esto, no se dio por vencido en desesperación. Por el contrario, oró al Señor del cielo y la tierra. Dios le reveló el sueño a Daniel y la interpretación. Daniel le dijo al rey: "No hay ningún sabio ni hechicero, ni mago o adivino, que pueda explicarle a Su Majestad el misterio que le preocupa. Pero hay un Dios en el cielo que revela los misterios. Ese Dios le ha mostrado a usted lo que tendrá lugar en los días venideros". (Daniel 2: 27-28a).

Dios es quien da sabiduría a los líderes a medida que lo miran a Él. Él les mostrará cómo dirigir la célula, alentar a otros a hablar y silenciar a los que hablan demasiado. Los líderes eficaces confían en Aquel que conoce los corazones de todos los hombres y mujeres.

Gran parte de la vida celular es no verbal y detrás de escena. Algunas de las ministraciones más poderosos ocurren mientras se come galletas después de la reunión. La conversación sentida a menudo sucede cuando bajamos la guardia y no nos preocupamos por cada detalle de la reunión. El Espíritu puede mover al líder a ministrar al recién llegado o a hablar con los rebeldes. Él guía al líder para que hable con Johnny, quien rara vez habla durante la reunión. O tal vez simplemente escuchar, mientras que otros dirigen la conversación. Los líderes eficaces se mantienen en sintonía con Él, y Él hace que su camino sea próspero.

> *Los líderes eficaces se mantienen en sintonía con Él, y Él hace que su camino sea próspero*

Jesús es nuestro ejemplo. Él ministraba a las multitudes que clamaban, pero también necesitaba "cerrar la puerta" para comunicarse con el Padre. El evangelio de Lucas nos dice, "Por aquel tiempo se fue Jesús a la montaña a orar, y pasó toda la noche en oración a Dios. Al llegar la mañana, llamó a sus discípulos y escogió a doce de ellos, a los que nombró apóstoles". (Lucas 6: 12-13).

Así como Jesús huyó del ruido de la multitud para buscar al Padre, también debemos cerrar la puerta a las multitudes de trabajo, el ministerio y la familia a fin de buscar a Dios con éxito. Realmente no podemos esperar entrar en la santa presencia de Dios mientras estamos sentados frente al televisor, interrumpidos por llamadas telefónicas o conduciendo el automóvil en el camino al trabajo.

Tiempo a Solas con Dios

* Su ministerio comenzó con un ayuno de cuarenta días en el desierto (Mateo 4: 1–11).
* Eligió a los doce discípulos después de pasar la noche entera solo (Lucas 6:12).
* Después de recibir la noticia de la muerte de Juan el Bautista, "se retiró él solo en una barca a un lugar solitario". (Mateo 14:13).
* Pasó tiempo a solas después de la alimentación milagrosa de los cinco mil (Mateo 14:23).
* Después de una larga noche de trabajo, "se levantó, salió de la casa y se fue a un lugar solitario . . ." (Marcos 1:35).
* Después de que Jesús sanó al leproso, "solía retirarse a lugares solitarios para orar" (Lucas 5:16).
* En preparación para la crucifixión, pasó la noche orando solo en el jardín de Getsemaní (Mateo 26: 36–46).

Para que cualquier relación prospere y se profundice, se requiere pasar un tiempo íntimo con esa persona. Lo mismo es cierto con el liderazgo de células. Es fundamental para el crecimiento y la eficacia de los líderes tomarse el tiempo para disfrutar de Dios y llegar a conocerlo.

El Cuarto de Escucha

Mi propia célula decidió rotar a la casa de otra persona, y le pedí a uno de mis estudiantes que dirigiera la célula. No quería ir esa noche. Mi mente estaba en muchos lugares diferentes, y ciertamente no necesitaba otra reunión. Pero el Espíritu Santo se hizo presente. Jesús estaba allí en la adoración, y todos podían sentir su presencia. Varias personas compartieron las impresiones que estaban recibiendo de la célula a través del don de la profecía. La alabanza y el agradecimiento fluyeron al trono de Dios cuando las personas reconocieron que el Espíritu Santo se estaba manifestando a través de los dones del Espíritu.

El líder aplicó la Palabra de Dios, lo que nos permitió responder libremente a las preguntas abiertas. El líder se apartó lo suficiente para permitir una conversación fluida. Uno de los miembros reveló durante la aplicación de la Palabra de Dios que él y su familia enfrentaban una crisis y una posible mudanza a Tennessee.

El líder sintió que el Espíritu le decía que debíamos poner nuestras manos sobre esta pareja, y Dios les ministró tanto a ellos como a nosotros. Después de caminar por el vecindario haciendo evangelismo de oración, compartimos refrigerios juntos. Mientras comía una deliciosa galleta con trocitos de chocolate y me dedicaba a tener un tiempo de comunión con los demás, pensé para mí mismo, ¡me alegro de haber venido esta noche!

> El tiempo en la sala de escucha es esencial para recibir la llenura del Espíritu y pedir sabiduría a Dios

Cuando el Espíritu Santo está presente, siempre hace que el ministerio celular sea emocionante.

Reuniones emocionantes, como la que acabo de describir, suceden por la presencia de Cristo. Dios usa líderes guiados por el Espíritu para guiar tales reuniones, por lo que es esencial que estén llenos del Espíritu antes de que comience la célula.

- Ora por la llenura de Dios.
- Confiesa tus pecados.
- Se lleno del Espíritu Santo.

Animo a los líderes a que dejen de prepararse al menos media hora antes de que comience el grupo (por ejemplo, preparar la lección, preparar el refrigerio, etc.) para escuchar a Jesús.

Pasar tiempo en la sala de escucha es esencial para recibir la llenura del Espíritu y pedir sabiduría a Dios. El apóstol Juan escribió: "En cuanto a ustedes, la unción que de él recibieron permanece en ustedes, y no necesitan que nadie les enseñe. Esa unción es auténtica—no es falsa—y les enseña todas las cosas. Permanezcan en él, tal y como él les enseñó" (1 Juan 2:27). Los líderes y miembros eficaces necesitan la unción de Dios más que cualquier estudio en particular. Durante este tiempo, animo a los líderes a:

- Orar por la llenura de Dios. La Escritura nos dice que pidamos el Espíritu Santo. Jesús dice: "Pues, si ustedes, aun siendo malos, saben dar cosas buenas a sus hijos, ¡cuánto más el Padre celestial dará el Espíritu Santo a quienes se lo pidan!" (Lucas 11:13). Anteriormente, Jesús dice: "Así que yo les digo: Pidan, y se les dará; busquen, y encontrarán; llamen, y se les abrirá la puerta. Porque todo el que pide recibe; el que busca encuentra; y al que llama, se le abre" (Lucas 11: 9-10).

- Confiesa todo pecado conocido. David dice: "Si en mi corazón hubiera yo abrigado maldad, el Señor no me habría escuchado; pero Dios sí me ha escuchado, ha atendido a la voz de mi plegaria" (Salmo 66: 18-19).

- Se lleno del Espíritu Santo. Por supuesto, esto es algo que debe ocurrir a diario, pero es muy importante antes de que comience el grupo. En Efesios 5:18, Pablo dice: ". . . sean llenos del Espíritu." La frase "ser lleno "en el griego apunta a un llenado continuo. Es una cosa diaria.

Si tú eres un líder de célula, parte de un equipo o miembro en preparación, te invito a probar algo esta semana: duplica el tiempo que dedicas a orar por los miembros de tu célula y tu reunión celular. Invita a Dios a obrar en formas nuevas en la vida de cada persona, invítalo a atraer nuevas personas a Él. Escucha las instrucciones que pueda darte sobre cómo bendecir y ministrar a los demás.

> **Duplica el tiempo que dedicas a orar por los miembros de tu célula y tu reunión celular**

Estamos seguros de que descubrirás lo que nuestra investigación ha demostrado: tener una célula dinámica depende más de Dios que de ti. Tu función principal es estar en sintonía con Él. Ten en cuenta que tu propia relación con Dios afecta la forma en que otros lo sienten. Aquí hay algunos principios simples para ayudarte a llevar tu relación con Él al próximo nivel:

Se consistente. La consistencia hace una gran diferencia. La investigación reveló que es importante la cantidad de tiempo que las personas promedio pasan con Dios, pero es aún más importante la forma consistente en que dedican ese tiempo. ¿Dedicas un tiempo a diario con Dios? ¿Cuáles son algunos pasos simples que puedes seguir para conectarte más consistentemente con Dios a través de disciplinas como la lectura de la Biblia, la oración, el tiempo devocional y la adoración personal?

Se un intercesor. Trae a otros a Dios en oración. Orar por tus amigos no cristianos, los miembros de tu célula y tu reunión celular contribuyen a la salud y al crecimiento de tu célula. ¿Con qué frecuencia oras por los demás? Es posible que desees hablar sobre esta área con un amigo o familiar. A algunas personas les resulta más fácil interceder con otros por amigos no cristianos y miembros de su célula. Otros prefieren incorporar la oración por los demás a lo largo de su día, como cuando conducen de ida y vuelta al trabajo, cuando están meciendo a un bebé, o como parte de su rutina de la mañana o la hora de acostarse. ¿Cómo puedes orar más consecuentemente por tu célula y por aquellos cercanos a ti que necesitan experimentar el amor de Cristo?

Ora por:

- amigos no cristianos
- miembros de la célula
- la reunión celular

John, un líder de célula en Melbourne, Australia, notó que uno de los miembros de su célula, llamado Mark, había desarrollado una actitud negativa y hasta la estaba haciendo pública. John se dedicó a orar diariamente por Mark, incluso le envió tarjetas de agradecimiento a él y su familia. Semana tras semana, las barreras se derrumbaron lentamente. Un día, John llamó a la oficina de Mark y le dijeron que estaba enfermo y en casa. Durante el almuerzo, John visitó a Mark, oró por él y le dio un gran abrazo antes de irse. Mark se quebrantó y confesó su maldad y su egoísmo. Le dio a John permiso completo para hablar a su vida. Hoy son mejores amigos; ¡Mark es incluso un líder de célula, bajo la guía de John, y lo está haciendo muy bien!

A través de la oración, las barreras se rompen y las relaciones se sanan. Se desarrolla un nuevo vínculo espiritual que establece una intimidad y unidad. La oración le da a Dios la libertad de obrar de una nueva forma.

Animo a los líderes de células a que digan a los miembros de su grupo celular: "Estoy orando diariamente por ustedes". Esta declaración desarrolla una relación espiritual inmediata con cada persona. El regalo más importante que le puedes dar a alguien es el regalo de

> La oración le da a Dios la libertad de obrar de una nueva forma

la oración. Es un regalo que perdura y que continúa dando sus frutos por toda la eternidad.

Después de orar por los miembros en privado, animo a los líderes a orar en voz alta por ellos durante la reunión. Por ejemplo, mientras Marjorie ora por cada miembro durante la reunión, su corazón de pastor es evidente. Sus oraciones son tan específicas y personales, sin embargo, ella no revela asuntos confidenciales. Ella cálidamente levanta a cada persona en la reunión ante el trono de Dios. Marjorie conoce su rebaño, y ellos están dispuestos a seguirla. Este tipo de oración les dice a los miembros que su líder se preocupa por ellos y desea ministrar a sus necesidades. También es una excelente manera de modelar la oración intercesora. El ejemplo de Marjorie animó a todos a orar de manera más consistente. Ya que se dedicó a interceder en oración por los demás, ella pudo satisfacer las necesidades de quienes la rodeaban.

Se libre. Muchos cristianos del siglo veintiuno se sienten "demasiado ocupados" para orar. Sin embargo, la persona promedio pasa más de 20 horas a la semana viendo la televisión. Cuando inicialmente comenzamos nuestra investigación, les preguntamos a los líderes de células cuánto tiempo pasaban viendo la televisión en un día normal. El análisis estadístico mostró una correlación negativa extremadamente fuerte entre el crecimiento de las células y la cantidad de tiempo que el líder pasó viendo la televisión.

Reconstruyendo Vidas: Edificación

El ministerio del Espíritu Santo es edificar nuestras vidas, no derribarlas. Él está vitalmente interesado en reconstruir personas desde adentro hacia afuera. Edificación significa "construir o erigir". Pablo escribió a la iglesia de Corinto:

134

¿Qué concluimos, hermanos? Que, cuando se reúnan, cada uno puede tener un himno, una enseñanza, una revelación, un mensaje en lenguas, o una interpretación. Todo esto debe hacerse para la edificación de la iglesia. (1 Corintios 14:26).

La célula es el mejor lugar para reconstruir las vidas de las personas y para que crezcan en la gracia y el conocimiento de Jesucristo.

En la célula, el Espíritu Santo desafía y cambia las vidas de las personas. La atmósfera íntima de la célula hace posible que esta edificación tenga lugar. La reunión celular permite que cada persona comparta, ministre y reciba ministración de los demás. Los pasajes de las Escrituras sobre

> **La atmósfera íntima de la célula hace posible que esta edificación tenga lugar**

el amor y el cuidado cobran vida en esta atmósfera y, en última instancia, aportan sanidad a las vidas de las personas.

Reconstruyendo el Mundo de Adentro

No toma mucho tiempo darse cuenta de que las personas exteriormente sufren los síntomas de las heridas internas. Proverbios 15:13 dice: " El corazón alegre se refleja en el rostro, el corazón dolido deprime el espíritu". El espíritu destrozado que caracteriza a tantos es el resultado de abuso infantil, padres divorciados, falta de perdón, resentimiento, los hábitos destructivos de un padre, rechazo, depresión, culpa y varios tipos de miedo. Hay tanto dolor, tanta ansiedad y dificultad enterrada en las vidas de las personas, tanto dentro como fuera de la Iglesia.

La gente necesita un Salvador para tocarlos y obrar sanidad en sus corazones. Solo Dios puede sanar y liberar a las personas, y es por eso que necesitamos tanto la sanidad interna. La gente no comprende el daño sepultado que está causando que sufran tanto. Pero Dios quiere tocarlos y liberarlos. Muchos encuentran extremadamente difícil perdonarse a sí mismos por los errores de sus padres o sus propias decisiones pasadas. Los problemas del pasado paralizan la actividad actual y limitan el crecimiento futuro. Los resultados incluyen:

- Comportamiento compulsivo
- Autocastigo
- Duda
- Sentimientos de falta de valor
- Negación de lo que Dios quiere darles

En medio de este colapso cultural, Cristo sigue siendo cabeza de la Iglesia y Señor sobre todo (Mateo 28: 18–20). Dios tiene un plan de amor para cada persona, y anhela sanar a los que están solos, deprimidos y privados de sus derechos. Jesús no solo quiere perdonar a la gente por sus pecados, sino que también quiere sanarlos de su dolor interior y de su enfermedad emocional. Él ofrece paz en un mundo lleno de dolor y desesperación. Un líder de célula eficaz aprovecha los momentos difíciles para recordarles a los miembros que Dios está vitalmente interesado en cada aspecto de sus vidas y desea brindar sanidad interior.

Dios anhela sanar a los que están solos, deprimidos y privados de sus derechos

La noche en que Michael vino a mi célula, todo parecía normal. Sin embargo, después de la lección sobre el perdón de 1 Pedro 4: 8, surgió su necesidad de sanidad interior. Compartió su profundo resentimiento hacia un pastor que sintió que había violado a su hija. Michael se había aferrado a su amargura hacia este pastor, lo que lo dejó triste y esclavizado.

Esa noche, la Palabra de Dios llegó a lo profundo de su alma, y Michael se dio cuenta de que necesitaba ser liberado de su amargura, tanto por su propio bien como para complacer a Jesús. Durante el tiempo de oración, Michael confesó su amargura, y los miembros de la célula oraron para que él experimentara la sanidad interior. Dios liberó a Michael esa noche de su amargura y resentimiento, y dejó la reunión llena de gozo y paz.

> *La atmósfera pequeña e íntima del hogar es ideal para sanar las heridas causadas por el pecado*

La atmósfera pequeña e íntima del hogar es ideal para sanar las heridas causadas por el pecado, el mundo y Satanás. El líder debe recordarles a los miembros de su célula de versículos como Isaías 63:9: "De todas sus angustias. Él mismo los salvó; no envió un emisario ni un ángel. En su amor y misericordia los rescató; los levantó y los llevó en sus brazos como en los tiempos de antaño". El recordatorio del Rey David del amor de Dios también es bueno para usar al hablar de sanidad en la célula:

Mis huesos no te fueron desconocidos cuando en lo más recóndito era yo formado, cuando en lo más profundo de la tierra era yo entretejido. Tus ojos vieron mi cuerpo en gestación: todo estaba ya escrito en tu libro; todos mis días se estaban diseñando, aunque no existía uno solo de ellos. (Salmo 139:15–16).

El líder de célula puede discernir la necesidad de una sanidad interior al notar el comportamiento errático entre los miembros, como: miedo y timidez paralizantes, falta de confianza, confusión, depresión o comportamiento compulsivo. En el momento apropiado de la lección, el líder puede pedirles a los miembros que compartan momentos difíciles cuando experimentaron dolor y rechazo en sus propias vidas. El líder debe alentar a los miembros de la célula a compartir honestamente y orar el uno por el otro para experimentar restauración, sanidad y un sentido de comunidad.

La buena noticia es que Cristo es el Sanador. Las Escrituras nos dicen que fue "Despreciado y rechazado por los hombres, varón de dolores, hecho para el sufrimiento. Todos evitaban mirarlo; fue despreciado, y no lo estimamos". (Isaías 53: 3) y en Hebreos 4:15 el escritor dice "Porque no tenemos un sumo sacerdote incapaz de compadecerse de nuestras debilidades, sino uno que ha sido tentado en todo de la misma manera que nosotros, aunque sin pecado". Cristo es el único que puede comprender todas las circunstancias de nuestras vidas. La célula brinda una excelente oportunidad para que las personas compartan momentos de dolor y angustia y luego reciban la sanidad interior necesaria para vivir una vida cristiana victoriosa.

> **Cristo comprende todas las circunstancias de nuestras vidas**

La iglesia escogida de Cristo debe ser un hospital en este mundo. Muchos heridos ingresan a este hospital—gente que ha sido golpeada por el pecado, Satanás y todas las atrocidades que la vida moderna les arroja. Jesús entiende. El escritor de Hebreos declaró:

Por tanto, ya que ellos son de carne y hueso, él [Jesús] también compartió esa naturaleza humana para anular,

mediante la muerte, al que tiene el dominio de la muerte—
es decir, al diablo. Por haber sufrido él mismo la tenta-
ción, puede socorrer a los que son tentados. (2:14, 18).

Sanidad Celular

Las personas necesitan sentirse cómodas primero en la célula
antes de que la transformación pueda suceder. Los líderes sabios
alientan a los miembros de la célula a compartir honestamente
y a orar unos por otros para experimentar la restauración y la
sanidad.

Los líderes de células eficaces involucran a los miembros
para que cada persona comience a verse a sí misma como el
agente sanador de Dios. Cada miembro del cuerpo de Cristo
puede ministrar sani-
dad a otros. Nadie
debería sentarse al
margen.

> *Anímense unos a otros a compartir honestamente y a orar unos por otros*

Cuando Mónica
llegó temprano a nuestro grupo, comenzó a derramar su corazón: "Estoy tan agradecida de que ya no estoy viviendo con
Andy. Me siento limpia por dentro, pero sigue siendo tan difícil; a veces, siento que lo necesito ". Frank y Kathy llegaron en
medio de nuestra conversación y comenzaron a ministrarle a
Mónica de su propia experiencia. Mi esposa también le compartió palabras de aliento, y finalmente todos comenzamos a orar
por Mónica. Mi esposa y Kathy entendieron las necesidades de
Mónica más profundamente que yo, y sus oraciones tocaron el
centro emocional de lo que Mónica estaba pasando.

Mónica se fue esa noche como una persona renovada. Se
dedicó a vivir una vida pura y santa, sin su novio con el que
vivía. Su sanidad vino por la ministración del cuerpo de Cristo.
Observa la idea de sanidad celular y comunidad celular. No se

trata de que una persona provoque toda la sanidad; se trata de que todos se ministren unos a otros. Se trata de dejar de mirar a una persona y a todos los involucrados. La sanidad en las células no es el trabajo del predicador. Todos participan, y a través de toda la célula, Dios mueve y bendice a cada uno.

> **Los milagros a menudo ocurren cuando cada miembro se convierte en ministro**

Los milagros a menudo ocurren cuando cada miembro se convierte en ministro, y los miembros de la Iglesia comienzan a verse a sí mismos como instrumentos de sanidad. En su libro *Conectándose*, Larry Crabb, autor y psicólogo famoso, escribió:

> La gente común tiene el poder de cambiar la vida de otras personas. . . . El poder se encuentra en la conexión, ese encuentro profundo cuando la parte más verdadera de un alma se encuentra con los vacíos más profundos de otra. . . . Cuando eso sucede, el dador queda más lleno que antes y el receptor menos aterrorizado, finalmente ansioso por experimentar una conexión más profunda y mutua.[38]

El poder del ministerio celular se descubre al permitir que cada miembro ministre y se conecte entre sí. Es un momento en el que la confesión, la sanidad interior, el intercambio transparente y la renovación tienen lugar. Me encanta el ministerio celular porque permite que todos participen en el proceso de sanidad. Abre la puerta para que todas

> **El ministerio celular permite que todos participen en el proceso de sanidad.**

las personas participen ministrando a otros y bendiciendo a otros a través de poderosas oraciones sanadoras.[39]

Sensibilidad al Espíritu Santo

Los líderes sensibles de células piden al Espíritu Santo que manifieste las necesidades de los miembros, sabiendo que la mejor agenda es la que satisface las necesidades de los presentes. Cuando el líder tiene esto en mente, está dispuesto a hacer lo que sea necesario para que eso suceda.

Asistí a una reunión celular en la que el líder les pidió a los miembros que eligieran sus alabanzas favoritas durante el tiempo de adoración. Después de cada canción, el líder le pidió a la persona que explicara por qué eligió esa alabanza en particular. Una dama, Theresa, eligió una alabanza sobre la renovación y luego comenzó a sollozar. "Tuve una confrontación airada con mi esposo hoy. Descubrí que estaba viendo a otra mujer", espetó. "Me siento tan sucia. Por favor, oren por mí ".

El líder receptivo y dirigido por el Espíritu escuchó a Theresa sin sobrecargarla con las Escrituras y su consejo. Theresa sintió el amor de Dios cuando el líder le indicó que se sentara en una silla mientras los otros miembros oraban por ella. Theresa se sintió limpia y sanada cuando dejó ese tiempo de oración. Ella había venido dolida y golpeada a la reunión, pero se fue llena y animada.

El estándar para el éxito en el ministerio celular es si los miembros dejan o no al grupo edificados—no importando si hubo o no sanidad en la vida de las personas—o si se siguió un orden o plan en particular.

La sensibilidad es esencial en el ministerio celular. Aquellos que sobresalen en el ministerio celular son aquellos que son sensibles a las necesidades. Lo mejor es ir a la célula orando y abierto a lo que Dios tiene para el grupo celular. Dios guiará; Él

> **Aquellos que sobresalen en el ministerio celular son aquellos que son sensibles a las necesidades**

dirigirá. Le mostrará al líder lo que es esencial. Necesitamos ser sensibles a las necesidades de aquellos que están presentes. Dios quiere obrar en medio de nosotros, pero debemos permitirle hacerlo.

Silencio que Promueve el Proceso de Sanidad

Cuando alguien enfrenta una crisis, no es el momento de decir: "Solo necesitas confiar en el Señor ¿No sabes que todas las cosas ayudan a los que aman a Dios, a los que son llamados según su propósito?" Este consejo, aunque es 100% correcto, en realidad hará más daño que bien a una persona afligida y atribulada. Antes de prepararse para escuchar consejos, la persona primero debe saber que el pueblo de Dios le ayudará a llevar la carga. Él o ella anhela un oído atento, no una respuesta rápida de un pasaje de las Escrituras a menudo citado. La sanidad se lleva a cabo en el silencio del buen escuchar y del amor. Dios es el Sanador sensible y desea que su pueblo escuche a los demás. Escuchar es tan poderoso; funciona de maravilla porque hace que las personas se sientan especiales, amadas y cuidadas. Cuando alguien comparte una gran necesidad, es mejor hacer un momento de silencio para permitir que Jesús atienda las necesidades de esa persona.

A medida que los miembros de la célula se identifican con la persona, se creará un consejo piadoso: "Joan, entiendo tus miedos y dudas provocados por el cáncer de tu amigo. Cuando mi hermano enfrentó cáncer cerebral, sentí esos mismos miedos.

Luché por días, preguntándome por qué Dios permitiría que esta enfermedad golpeara a mi familia. Pero luego Dios me mostró . . . "Las escamas de las heridas pasadas se desprenderán, y la nueva criatura en Cristo aparecerá a medida que la célula ministre mientras escucha con empatía.

Es esta comprensión compartida lo que es tan importante; no solo una persona está escuchando, sino que toda la célula está involucrada. Cuando una persona es verdaderamente escuchada, la gracia y el amor fluyen y bendicen a todos los involucrados.

Lo mejor para el líder es aconsejar a la célula que escuche en lugar de responder rápidamente con respuestas simples. El líder de célula debe demostrar, sin embargo, lo que quiere que otros hagan con sus propias acciones. Las personas no necesariamente seguirán las palabras, pero seguirán las acciones. Preparar a una comunidad de sanidad puede llevar algo de tiempo, pero vale la pena la espera. La sanidad a través de escuchar es la poderosa herramienta de Dios para sanar un mundo perdido y herido.

> **Escucha en lugar de responder rápidamente con respuestas simples**

Reconstruyendo a través del Ánimo

Escuchar le abre la puerta a la posibilidad de dar ánimo. Los líderes de células brindan sanidad al afinar sus oídos a la más mínima razón para dar gloria a Dios. Si hay incluso un esfuerzo por hacer las cosas con excelencia, un buen líder de célula lo detectará y lo mencionará. El enemigo busca acusarnos a cada uno de nosotros a través de mentiras que desalientan. Podría susurrarle a un miembro de la célula: "Nadie te respeta. No conoces la Biblia lo suficiente. Tú no te atreverías a hacer ese comentario". El líder es el agente de Dios para ofrecer una palabra de aliento que bendecirá a la persona abundantemente y lo ayudará a hablar. El reconocimiento y el aliento son esenciales para que se dé la sanidad.

Recuerdo estar en una célula en la cual el líder ofreció una ligera crítica a cada respuesta. "Casi lo tienes", decía James. Cuando otra persona respondió a la respuesta, James replicó: "No, eso no es, pero te estás acercando". El tira-y-encoje para encontrar la respuesta correcta continuó. "Esto es como una prueba de la escuela secundaria", pensé. Cuando James hizo las últimas preguntas, la participación se detuvo en seco. Nadie quería arriesgarse a la vergüenza. El miedo al fracaso impregnaba la habitación. Un líder de célula necesita escuchar atentamente, porque la sanidad en realidad viene por escuchar.

Los mejores líderes de células se ven a sí mismos como los agentes de sanidad de Dios y alientan a todos a participar, sabiendo que dar aliento es una de las formas principales de ministrar el toque sanador de Dios. Ellos practican las palabras de Proverbios 16:24: "Panal de miel son las palabras amables: endulzan la vida y dan salud al cuerpo". Los grandes líderes de células se resguardan de cualquier información o comentario que no sea edificante: que destruye en lugar de edificar.

> *Protégete de cualquier información o comentario que destruya en lugar de edificar*

Un miembro de mi célula tenía la costumbre de mezclar humor con sarcasmo y medias verdades. En una ocasión, le dije al grupo que extendiera las manos para orar por una persona, y que algunas podían reunirse y ponerle las manos encima. Esta persona dijo en un tono medio serio, "La Biblia no nos dice que extendamos nuestras manos; nos dice que pongamos nuestras manos sobre las personas". No sabía si estaba bromeando o hablando en serio, pero me sentí desafiado, y sentí que su comentario no era edificante. El Espíritu Santo me habló para hablar directamente con él y compartir mi preocupación. Debido a que le he dicho repetidamente a mi célula que chismorrear es pecado y que la Biblia nos dice que vayamos directamente a la persona ofensora, necesitaba modelar esta verdad. Esta persona inmediatamente recibió mis palabras, se disculpó y me comunicó que solo estaba haciendo una broma y no dijo el comentario en serio.

A veces, un líder de célula deberá seguir las palabras de Jesús y dirigirse en privado a la persona que ha dicho algo hiriente en la célula (Mateo 18: 15-17). Si lo que se dijo negativamente afectó a todos, pida a la persona que se disculpe con toda la célula. Esta es una razón por la que recomiendo encarecidamente que cada líder

> *Debido a que los miembros de cada célula son seres humanos pecadores, los problemas ocurrirán inevitablemente*

de célula tenga un supervisor. Cuando surgen situaciones difíciles como estas, es bueno saber que hay un líder experimentado a quien el líder de célula puede compartir cargas y buscar consejo.

Todos los que asisten a la célula también están en proceso de crecimiento y cambio. Debido a que los miembros de cada célula son seres humanos pecadores, los problemas ocurrirán inevitablemente, pero a menudo, la instrucción cuidadosa a la célula sobre el deseo del Espíritu Santo de edificar establecerá el estándar y ayudará a evitar problemas antes de que comiencen.

Responsabilización y el Proceso de Reconstrucción

Incluso después de que la sanidad se lleve a cabo entre los miembros de la célula, Satanás trabajará horas extras para desalentar, condenar y atraer a la gente a una red de mentiras y condenación. La transparencia sin transformación es superficial. Algunas personas se han vuelto expertas en descargar emociones profundas sin ningún deseo o intención de cambiar. En tales casos, la sanidad nunca llega a cambiar los valores centrales, sino que solo reside en el ámbito emocional. Los grandes líderes de células dan seguimiento a la confesión para asegurarse de que la transformación haya tenido lugar. Satanás es un capataz duro. Él nunca se rinde. Como él nos odia y quiere destruirnos, siempre está atacando y penetrando la oscuridad de nuestras almas y mentes. Los líderes de células necesitan hacer un seguimiento de lo que han hecho en la vida de los demás. Solo Dios puede dar la gracia necesaria para alcanzar corazones y mentes vacías. Necesitamos ser dadores de gracia, permitiendo siempre que el Espíritu de Dios fluya a través de nosotros, ministrando a las personas a través de los dones del Espíritu y pidiéndole a Jesús que nos lleve, nos moldee y nos transforme.

> Debido a que Satanás nos odia y quiere destruirnos, él siempre está atacando

Cuando Vicki comenzó a asistir a una célula de la Iglesia Metodista Libre Verdugo en Los Ángeles, California, en febrero de 2002, su matrimonio se estaba derrumbando, y su problema de drogas enmascaraba temores ocultos. Sin embargo, en la atmósfera amorosa de la célula, Vicki experimentó la sanidad y la liberación de las drogas. Su matrimonio fue restaurado, y su esposo, Tom, recibió a

Jesucristo. Vicki creció en Cristo mientras compartía luchas, recibía ánimo y aplicaba la Palabra de Dios a su situación.

A medida que pasaron los meses, Susan, la líder de célula, notó que Vicki una vez más tomaba grandes dosis de drogas y volvía a su antiguo estilo de vida. Susan tuvo que confrontar a Vicki diciéndole "cuando las personas tienen miedo, éstas tienden a recurrir a viejos mecanismos de supervivencia. Pero no importa a qué viejo mecanismo recurras, no puedes apartarte de mi amor por ti". Vicki comenzó a llorar y dijo: "No importa cuántas veces haya fallado, nunca me has rechazado". Vicki testificó que, si no hubiera sido por Susan y la célula, se habría suicidado el año anterior.

Susan entendió que la sanidad era un proceso que necesitaba un seguimiento constante. Los grandes líderes de células se dan cuenta de que cuando una persona o una pareja revela una lucha, ésta busca ayuda, diciendo: "Ora por mí" o "Ayúdame". La victoria ocurre cuando el verdadero cambio se convierte en parte del estilo de vida de la persona. La célula debe pedirle cuentas a la persona para que mejore ese comportamiento, no de una manera moralista y legalista, sino a través de un apoyo constante. Debe haber un cierto sentido de responsabilidad, y Susan es un gran ejemplo de esto. Como líder de célula, debes sentirte responsable por quienes te rodean, de lo que han experimentado. No los sueltes a menos que hayan sido sanados.

No toda sanidad tendrá lugar en el entorno celular. Los líderes sensibles usan el tiempo antes y después de la reunión para preguntar sobre la transformación. Por ejemplo, un líder podría decir: "Jim, compartiste sobre tu adicción a la pornografía y tu necesidad de liberarte de ese hábito. ¿Cómo

> No toda sanidad tendrá lugar en el entorno celular. Utiliza el tiempo antes y después de la reunión

te va en esa área?" A pesar de que Jim haya sido movido por la oración, necesita seguimiento y estímulo constante para mantenerse libre.

Algunos líderes insisten en tener reuniones celulares que duren de dos a tres horas, pero si este es el caso, la gente se irá inmediatamente después debido a sus apretadas agendas. Recomiendo encarecidamente que una reunión finalice después de una hora y media para dar tiempo al refrigerio y a una interacción espontánea. A menudo, durante el tiempo de refrigerio se produce el mejor intercambio, el evangelismo y la vida en comunión.

No toda comunión o ministerio sucede en la célula. Las células suelen ser el trampolín de las relaciones individuales que se dan fuera de la reunión. Janet, una miembro de nuestra célula, sufrió silenciosamente en su matrimonio debido a una falta total de comunicación. Ella sabiamente no dejó escapar el dolor que cargaba (lo cual habría puesto en mal a su esposo frente a los de la célula). Sin embargo, pasó horas con mi esposa fuera de la reunión, recibiendo oración y aliento. Dios le ministró en el entorno celular, pero la sanó en las relaciones que se extendieron fuera de la célula.

> **Las células a menudo inician relaciones individuales fuera de la reunión**

Sanidad del Espíritu

La Iglesia es un hospital, no un centro de artes escénicas. De hecho, Jesús vino para sanar a los heridos y necesitados. Comió con los pecadores y estuvo con los oprimidos. Fue rechazado por los gobernantes religiosos porque priorizó las necesidades de las personas sobre la adherencia a las leyes creadas por el hombre.

Después de sanar a un hombre ciego en el día de reposo, los fariseos estaban convencidos de que Jesús no era el Mesías porque había quebrantado la ley del día de reposo. Jesús replicó: " Yo he venido a este mundo para juzgarlo, para que los ciegos vean, y los que ven se queden ciegos" (Juan 9:39). Los únicos que Jesús no pudo sanar fueron aquellos que no pudieron comprender su propia necesidad personal de sanidad. Al igual que un médico, él vino a sanar a los enfermos, no a los sanos.

Al igual que Cristo, el líder de célula debe atraer a los que están necesitados, ofreciendo el poder sanador de Cristo a los que sufren. El líder debe proclamar con valentía el deseo de Cristo de sanar hoy, física, espiritual y emocionalmente. La naturaleza hospitalaria de la célula es un tópico que debemos

> *Atrae a los que están necesitados, ofreciendo el poder sanador de Cristo a los que sufren*

aceptar: el poder sanador de Dios se manifiesta en la dulce atmósfera de la célula.

Los líderes necesitan humildad como la de Cristo y fe como la de los niños, mientras ministran el poder sanador de Dios. Cuando esto suceda, los miembros se darán cuenta y comenzarán a orar el uno por el otro, viéndose a sí mismos como los agentes de sanidad de Cristo. El Evangelio completo será proclamado, y todo el cielo se regocijará por la novia de Cristo, la Iglesia.

De Vuelta a los Principios

Muchos creen que las reuniones de clase de John Wesley en el siglo XVIII salvaron a Inglaterra del desastre. Las personas fueron transformadas en estas reuniones y la santidad se extendió por toda Inglaterra. Estas reuniones en las casas siguieron una fórmula muy simple que implementaron todos los líderes. El líder les hacía a los miembros las siguientes preguntas: "¿Cómo ha prosperado tu alma desde la última vez que nos vimos? ¿Has caído en algún pecado? "El líder era entrenado para hacer las preguntas de diferentes maneras. El líder intentaba involucrar a las personas y ayudarlas a aplicar la Palabra de Dios.

Hoy, sin embargo, es raro incluso escuchar acerca de una reunión de clase metodista. ¿Por qué? David Watson resume: "Los metodistas se volvieron adictos al plan de estudios y gradualmente recurrieron a reuniones impulsadas por la información".[40] En lugar de hablar entre ellos sobre su relación con Dios y la búsqueda de la santidad, los metodistas comenzaron a enfocarse en ideas abstractas cada vez más difíciles de conectar a los detalles íntimos y mundanos de sus vidas. La reunión de clase se convirtió en una reliquia arqueológica en lugar de ser el vehículo para el discipulado cristiano.[41] En muchas iglesias metodistas de hoy, las "clases" metodistas se han convertido literalmente en "clases" de escuela dominical.

Dios quiere que los líderes preparen su corazón y no solo su cabeza. Se trata de la preparación del corazón. Cuando una persona se siente incómoda al hablar sobre su relación con Dios, un plan de estudio puede ser menos intimidante. Una persona puede hablar de contenido en lugar de hablar de una relación con su Creador.

> No seas impulsado por un plan de estudio. Por el contrario, se impulsado por Cristo y enfócate en las relaciones

Las células exitosas no permiten ser impulsadas por un plan de estudio. Por el contrario, quieren ser impulsadas por Cristo y enfocadas en las relaciones. Para que esto suceda, el líder debe estar lleno del Espíritu. El líder necesita recordar constantemente que las células exitosas alcanzan profundamente las vidas de las personas, aplicando la Palabra de Dios con el objetivo de la transformación. Al prepararse para la célula, los líderes eficaces de células primero preparan el corazón. Jesús los llena y permite que el Espíritu Santo obre en ellos y a través de ellos.

Puntos a Considerar

- ¿Cuál es el principio fundamental que has aprendido de este capítulo? ¿Cómo lo aplicarás?

- ¿Cómo te preparas para tu célula cada semana?

- ¿Priorizas la preparación de la lección o la preparación espiritual personal? ¿Cómo puedes mejorar tu preparación espiritual personal?

- Describe el proceso de sanidad que ha ocurrido entre los miembros de tu célula.

8

Aprendiendo a través de la Práctica Persistente

Capacité a un líder que me pidió que lo guiara para comenzar células en su iglesia. Sin embargo, después de algunas semanas, se hizo evidente que quería que alguien le diera una fórmula de 1,2,3 para el éxito. "Solo dígame los pasos fáciles y sencillos para hacer crecer mi iglesia", dijo. "Estoy muy ocupado y no tengo mucho tiempo para el ministerio celular". De hecho, me pidió que le diera estos supuestos "secretos" a su compañero de trabajo para implementarlos mientras él participaba en otros intereses. Nuestra relación de

Descubre el secreto que en realidad no es un secreto

capacitación no duró mucho porque no tenía "tales verdades" para compartir con él.

Como muchos, estaba buscando una fórmula, una píldora mágica para darle éxito instantáneo. Quienes buscan soluciones rápidas normalmente intentan encontrarlas en:

- El plan de estudio correcto
- El anfitrión correcto
- El líder correcto
- La homogeneidad o la mezcla de personas correcta

Las células exitosas, sin embargo, no persiguen secretos sin esfuerzo. Éstas siguen una fórmula diferente.

Hallazgo Sorprendente: La Práctica Persistente y los Ajustes Crean Células Exitosas

Un hombre tuvo una vez un hermoso jardín que producía rico y abundante fruto. Su vecino lo vio y plantó su propio jardín la siguiente primavera. Pero él no le hizo nada. No lo regó, ni cultivó, ni abonó. En el otoño, regresó a su jardín devastado. No hubo fruto; estaba cubierto de malas hierbas. Concluyó que la jardinería no funcionaba. Pensándolo mejor, pensó que el problema era la mala tierra o que tal vez le faltaba el "guante verde" como el de su vecino.

> *Muchos buscan una fórmula, una píldora mágica que promete éxito instantáneo*

Mientras tanto, un tercer vecino comenzó a cultivar su jardín. Su jardín no tuvo un rendimiento inmediato tanto como el del primer hombre, pero él trabajó duro y continuó aprendiendo nuevas habilidades. Mientras trabajaba duro, aprendió. Y a medida que puso en práctica su nuevo aprendizaje año tras año, su jardín cosechó cada vez más abundantemente

Cuando consideramos células que dan vida, no podemos señalar un solo factor como la clave. Por el contrario, todos los ingredientes son importantes. No hay cura secreta o mágica. El trabajo arduo y la aplicación constante de principios comprobados diferencian a las células exitosas de aquellas que simplemente cojean y apenas se mantienen en marcha.

Me encanta la frase: "El secreto es que no hay ningún secreto". Esta frase revela que la única garantía para crear una célula exitosa es la oración, el trabajo duro, el aprendizaje de los errores y la práctica persistente. Sí, hay formas de ajustar las células para que den más fruto, pero la consistencia equilibrada es mejor con el tiempo. Las células efectivas florecen porque las personas en ellas están dispuestas a aprender, crecer y persistir.

Las células exitosas practican una dieta equilibrada de cuidado, alcance, preparación espiritual y empoderamiento. Se niegan a mirar solo una cosa para descuidar las demás. Aquellos que dirigen células exitosas aparecen persistentemente cada semana y se considerarían líderes FAST [por sus siglas en inglés] (fieles, disponibles, orientados al servicio y enseñables). Humildemente buscan

"El secreto es que no hay ningún secreto"

a Dios todos los días por su dirección y hacen correcciones a mitad del camino para mejorar su liderazgo. Sus células adoran a Dios, se cuidan entre sí y alcanzan a un mundo perdido de manera equilibrada.

Si bien no hay ningún secreto, como "sólo ora" o "simplemente evangeliza", existen combinaciones de factores que producen células exitosas. Una reunión completa, por ejemplo, estimula a las células exitosas, al igual que la combinación de suelo, agua y sol nutre las plantas.

Consistencia Equilibrada

Algunas personas se destacan en un área de la vida, como en su carrera, en la familia, la escuela, la salud, etc. Pero para sobresalir en todas ellas se requiere equilibrio. Es como lograr cualquier objetivo en la vida. Si alcanzar una meta significa sacrificar el matrimonio, ¿vale la pena cumplir ese objetivo? O si cumplir un sueño agota la salud de una persona, ¿es éste el sueño correcto?

Lo mismo es cierto con las células saludables. Las células evangelísticas son geniales, pero si no mantienen a las personas que fueron ganadas para Cristo, la célula no se considera saludable. Es como tener un sistema digestivo saludable mientras luchas con la circulación sanguínea o la insuficiencia renal. Tener verdadera salud significa que todas las partes funcionan bien y que todo el cuerpo está sano.

Tener verdadera salud significa que todas las partes funcionan bien

Las células que fueron exitosas practicaron una dieta consistente y equilibrada dentro de la célula. Les preguntamos a los líderes y miembros cómo eran sus células. La respuesta fue:

Una típica reunión de nuestra célula incluye los siguientes elementos:	Porcentaje
• Pregunta rompe hielo	• 70%
• Estudio Bíblico o Discusión del Libro	• 90%
• Alabanza y Adoración	• 77%
• Oración para la salvación de un amigo	• 69%
• Oración por las necesidades y preocupaciones de los miembros	• 89%

Notamos que las células exitosas practicaban todos estos elementos. No se quedaron atrapadas en una cosa, sino que los incluyeron todos. Los líderes eficaces se dieron cuenta de que la variedad es importante y se negaron a permitir que sus células se centraran exclusivamente en una sola cosa. Entonces, ¿cómo puede una célula lograr consistencia equilibrada? Sugiero seguir los siguientes pasos.

Bienvenida (15 minutos)
La mayoría de los miembros de la célula están cansados cuando llegan a la reunión. Han trabajado duro todo el día y probablemente no tengan ganas de ser espirituales. Algunos asistirán porque saben que deben estar allí, no porque tengan ganas de asistir. Comienza con una nota alegre. Permíteles que se sumerjan en la comunión celular.
El tiempo de *Bienvenida* normalmente comienza con una pregunta dinámica que rompe el hielo. Los

Un buen rompehielos estimula a los miembros a hablar sobre pasatiempos, antecedentes familiares o experiencias personales mejores rompehielos garantizan una respuesta. Puedes comprar libros completos en buenos rompehielos, por lo que no deberías experimentar una escasez en esta área.[42] La mayoría de la gente nos conoce por nuestra profesión. Somos conocidos como maestros, trabajadores en construcción, médicos, amas de casa, etc. Un buen rompehielos estimula a los miembros a hablar sobre pasatiempos, antecedentes familiares o experiencias personales. El rompehielos atrae al grupo a un ambiente familiar.

Algunas células comen juntas antes de que la reunión comience o proporcionan un refrigerio ligero durante el tiempo de bienvenida. La gente a menudo se siente más abierta socialmente cuando come algo. Muchos prefieren un tiempo de refrigerio al final de la reunión celular.

Pregunta de evaluación: cuando has terminado el *Tiempo de Bienvenida*, ¿están los miembros de la célula más cómodos entre sí y listos para disfrutar de estar juntos?

Adoración (20 minutos)

El objetivo del tiempo de adoración es entrar en la presencia del Dios viviente y darle el control de la reunión. El tiempo de adoración ayuda a la célula a ir más allá de la socialización. Sin la presencia de Cristo, la célula no es diferente de una fiesta de trabajo, una reunión familiar o una reunión de amigos en un evento deportivo. Entrar en la presencia de Dios a través de la alabanza es una parte importante del tiempo de adoración, tal como lo presentamos en este libro. Es mejor que todos tengan una hoja con la letra de las alabanzas porque:

• Los invitados primerizos se sentirán incómodos sin ver las palabras.

- Algunos cristianos o miembros de la iglesia nuevos no conocen los himnos de adoración de tu iglesia.
- Tendrás más libertad para cantar nuevas alabanzas.

Si bien la alabanza es importante, no limites el *Tiempo de Adoración* a solo cantar alabanzas. La célula puede experimentar la presencia de Dios a través de la lectura de los Salmos juntos, de la oración, o incluso de esperar en silencio.

> **Lee los Salmos, ora, o espera en silencio**

Pregunta de evaluación: Cuando finaliza la adoración, ¿está la célula enfocada en Dios y lista para que Él ministre a la célula?

Palabra (40 minutos)

El tiempo de la Palabra es cuando Dios les habla a los miembros a través de las Escrituras. Abundan los recursos para preparar una lección de calidad. Uno de los mejores recursos es la Biblia Serendipia (Serendipity Bible) porque está llena de preguntas para discutir en grupo para la mayoría de pasajes bíblicos.

Muchas células siguen el mismo tema y las Escrituras del mensaje dominical. Incluso si este es el caso, es mejor *no* discutir la predicación. La gente debe interactuar con la Palabra de Dios, no con el pastor o con la predicación. Si la predicación es el punto de referencia, los invitados y aquellos que se perdieron el culto de adoración se sentirán aislados.

A pesar de que la iglesia brinda la lección, es esencial que cada líder de célula examine la lección y la aplique de acuerdo con las necesidades de la célula. No permitas que tus miembros abandonen la reunión sin haber expresado la aplicación de las verdades bíblicas en sus propias vidas. Conozco a un líder al que le gusta concluir el tiempo de la Palabra diciendo: "A la luz de lo que hemos leído y discutido en este pasaje, ¿cómo crees que Dios quiere usar esto en tu vida o en la vida de esta célula?"

La gente debe interactuar con la Palabra de Dios, no con el pastor o con la predicación

Cada lección debe brindar a las personas algo qué sentir, recordar y hacer. El objetivo de la célula es transformar vidas en lugar de simplemente obtener conocimiento. Por esta razón, es bueno recordarles a los miembros de la célula el desafío de la semana anterior y determinar si sucedió algo importante.

Uno de los errores más comunes en la planificación celular es incluir demasiadas preguntas de discusión. Algunos líderes se sienten obligados a cubrir todas las preguntas, incluso si hay diez o más. Un buen tiempo de la Palabra tiene de tres a cinco preguntas. Mi consejo es dejar que la gente se vaya con un hambre de más en lugar de un compromiso de nunca regresar a una reunión tan larga y aburrida.

Dios nunca falla en hablarle a la célula a través de Su Palabra, y las personas reconocen sus necesidades. Me parece muy eficaz pedir peticiones de oración específicas después de la hora de la lección, asegurándose de que todos oren por ellas. Si el tiempo de la *Palabra* dura cuarenta minutos, tómate diez de esos cuarenta minutos para orar por necesidades específicas entre los miembros de la célula.

Preguntas de evaluación: ¿compartió la célula honestamente y manifestó vulnerabilidad uno frente al otro? ¿Aprendió la célula a caminar más obedientemente con Cristo durante la semana?

Obras (15 minutos)

El último paso de la reunión celular, el tiempo de Obras (o el tiempo de Evangelización), ayuda a la célula a enfocarse en los demás. No hay "una sola manera" de hacer esto. El pensamiento principal que debe guiar este tiempo es el alcance. El tipo de alcance puede variar semanalmente:

* Orar por inconversos que están por ser invitados
* Preparar un proyecto social
* Hacer planes para una futura multiplicación
* Definir el próximo evento de alcance de la célula (p. ej. Una cena, un video, un picnic, etc.)
* Orar por familias no cristianas

El líder puede pedirle a la célula: "Recuerden orar por nuestra nueva multiplicación que comenzará dentro de dos meses. Oren por Frank, quien necesita completar el último curso de capacitación para que esté listo para comenzar la nueva célula".

Durante este tiempo, puedes promover y planificar un proyecto de alcance social. Estoy convencido de que las células son capaces de satisfacer las necesidades físicas de los que están dentro y fuera de la célula.

Otras ideas: alcanza tu comunidad visitando una casa de retiro, atendiendo a niños de la calle o ayudando en un orfanato o centro de rehabilitación de drogadictos.

> *Durante este tiempo, puedes promover y planificar un proyecto de alcance social*

Pregunta de evaluación: Cuando habíamos terminado, ¿estaba Jesús obrando a través de nosotros para alcanzar a los demás?

La variedad equilibrada y la coherencia son fundamentales. Es como un auto. Un automóvil cualquiera dejará de funcionar si se descompone una sola de las muchas partes críticas. Si el sistema de inyección de combustible deja de funcionar, el automóvil se detendrá. ¿Qué sucede si la transmisión deja de funcionar? Todo el automóvil se detendrá hasta que los sistemas estén fijos y funcionen normalmente. El empoderamiento es crítico para las células exitosas. Pero no es el único elemento crítico. Alcanzar a los de afuera, alcanzar a los de adentro, adorar y prepararse espiritualmente son parte del paquete.

Un Hábito para Toda la Vida

Encontrar el equilibrio adecuado en la vida celular no sucede de la noche a la mañana. Los mejores líderes se quedan con este equilibrio a largo plazo y ajustan su liderazgo a lo largo del tiempo.

En 2011, tuve el privilegio de honrar a los líderes celulares en San Salvador, El Salvador. Solo los líderes de células, los supervisores y pastores fueron invitados, ¡pero la Iglesia Elim tuvo que alquilar un estadio de fútbol para hacer espacio para todos ellos!

Esa noche, Mario Vega, pastor general de Iglesia Elim, repartió placas a aquellos que habían estado dirigiendo una célula continuamente durante veinticinco años o más. Una treintena de líderes subieron para recibir sus placas. Algunos de ellos eran tan viejos que tuvieron que ser ayudados para subir al púlpito para recibir su reconocimiento. Para estas personas, sería muy difícil no dirigir una célula.

Hortensia fue una de las primeras líderes de células supervisadas por Mario en 1986. Inicialmente se ofreció como voluntaria para ser la anfitriona de una célula en su casa. La célula en su casa se multiplicó unas cuarenta veces. Después de unos diez años de servir como anfitriona, el pastor Mario pensó que sería bueno darle un descanso. Mario habló con su pastor de zona, quien estuvo de acuerdo en que ella merecía un descanso. Entonces la célula en su casa se mudó a otra casa.

Pero al día siguiente, Hortensia vino a la iglesia buscando a Mario. Ella estaba llorando como una niña pequeña y le dijo: "Por favor, dime cuál ha sido mi pecado para que me quiten la célula". Mario le explicó que no había ningún pecado, sino solo consideración hacia ella por servir tantos años como anfitriona y que ella merecía un descanso. Pero ella le dijo a Mario que la célula en su casa ya era parte de su vida y que deseaba ser anfitriona siempre.

Ella recibió de regreso su célula la

> Hacer correcciones
> a mitad del camino
> es fundamental para
> el liderazgo celular eficaz

semana siguiente. Hortensia fue una de las personas honradas por servir como anfitriona durante tres décadas. Para ella, tener una célula en su casa es una parte fundamental de su estilo de vida, de su naturaleza como creyente en Cristo. Hortensia es un admirable ejemplo de amor, pasión y persistencia.

No te Des por Vencido

K. Anders Ericsson, profesor de psicología en la Universidad Estatal de Florida y líder de lo que podría llamarse el Movimiento de Desempeño Experto, intentó responder la pregunta: "Cuando alguien es muy bueno en una cosa determinada, ¿qué es lo que realmente lo hace bueno?" Ericsson dice: "Mucha gente cree que hay algunos límites inherentes con los que nacieron. Pero sorprendentemente hay muy poca evidencia de que alguien pueda alcanzar cualquier tipo de rendimiento excepcional sin pasar mucho tiempo perfeccionándolo".[43] La práctica equilibrada, la retroalimentación, la reorganización y seguir adelante son la clave del éxito en las células. No es una sola cosa lo que marca la diferencia: es un movimiento constante hacia adelante durante un largo período de tiempo. ¿Cómo sabes si estás haciendo un buen trabajo? ¿Por qué no le preguntas a la célula? Averigua lo que necesitan. ¿Cómo puedes hacer que cada miembro se involucre más? ¿Pregúntales? ¿Están cómodos con su lugar de reunión? No lo sabrás a menos que lo preguntes. Tal vez les gustaría hacer más rotaciones o incluso encontrarse ocasionalmente en un restaurante. Recibir retroalimentación y luego hacer las correcciones necesarias a mitad del camino es fundamental para el liderazgo celular eficaz.

Jim Collins escribió en *De Bueno a Grandioso*, "Al construir la grandeza, no hay una sola acción definitoria, ni un gran programa, ni una innovación ejemplar, ni un golpe de suerte aislado, ni un momento milagroso. Más bien, el proceso se asemeja a empujar implacablemente un timón gigante y pesado en una dirección, giro tras giro, creando impulso hasta llegar a un punto de avance y más allá".[44] Persistencia. Determinación. Seguir adelante. De esto se trata la vida celular eficaz.

> **Persistencia**
> **Determinación**
> **Seguir adelante**

Colin Powell dijo una vez: "Un sueño no se vuelve realidad por arte de magia, requiere sudor, determinación y trabajo duro".[45] El camino no es fácil, pero vale la pena porque ministrar a otros en las células es el plan de Dios, lo fue cuando Jesús caminó en esta tierra y hoy en el siglo XXI.

Los líderes celulares exitosos siguen haciendo las cosas que saben que deben hacer. Perfeccionan su liderazgo a través de la práctica constante. Están dispuestos a hacer lo que sea necesario para que sus células tengan éxito. En otras palabras, persisten. Aprenden de sus errores, realizan correcciones a mitad del camino y siguen adelante. Sus células prosperan como resultado.

Jesús en el Medio

El secreto es que no hay secreto. Pero si hubiera un principio que se destacara en nuestra investigación, sería este: las células exitosas hacen de Jesús el centro de atención y se aseguran de que esté en medio de ellos. Aplican el versículo en Mateo 18:20 donde Jesús dice: "Porque donde dos o tres se reúnen en mi nombre, allí estoy yo en medio de ellos". Con Jesús en medio de ellos, la célula prospera. Colosenses 1: 17–18 nos dice: "Él es anterior a todas las cosas, que por medio de él forman un todo coherente. Él es la cabeza del cuerpo, que es la iglesia. Él es el principio, el primogénito de la resurrección, para ser en todo el primero". Solo cuando la célula está trabajando en armonía con la cabeza, Jesucristo, las cosas funcionan sin problemas. A medida que cada parte cumple su propósito, el cuerpo crece y se desarrolla.

> La voz de Jesús, dará al líder palabras de consejo mientras ministra a los demás

A medida que el líder escucha la voz de Jesús, esa misma voz dará al líder palabras de consejo mientras ministra a los demás. A medida que él confiese y entregue sus debilidades a Jesús, habrá nuevo poder y guía para ministrar a otros. Pablo les recuerda a las células en Roma, "Que el Dios de la esperanza los llene de toda alegría y paz a ustedes que creen en él, para que rebosen de esperanza por el poder del

Espíritu Santo" (Romanos 15:13). La vida escondida en Cristo, dará frutos en el interior y en el ministerio celular, y se producirá un crecimiento vital.

En 2017, compramos dos enrejados para contener una vid en crecimiento en nuestro patio trasero. En nueve meses, las ramas de la vid cubrieron los enrejados, llenaron todos los espacios vacíos, y la vid ahora está creciendo hacia arriba, buscando nuevas formas de extenderse. A medida que la vida palpitante y próspera de Jesús se expanda de una célula a otra, se formarán miembros, se formarán discípulos y se alcanzará un mundo perdido para el Señor Jesucristo.

Puntos a Considerar

- ¿Cuál es el principio fundamental que has aprendido de este capítulo? ¿Cómo lo aplicarás?
- ¿Por qué tienden las personas a seguir fórmulas?
- ¿Practica tu célula una variedad equilibrada de actividades? ¿Por qué o por qué no?
- ¿Cómo te ha desafiado este capítulo a seguir adelante y a no rendirte?

Apéndice Uno:
¿Qué necesitas mejorar?

Uno de nuestros objetivos principales en este libro es ayudar a las iglesias a encontrar su eslabón más débil y luego trabajar en ese punto débil. ¿Por qué? Porque sabemos que las células exitosas son equilibradas y saludables en todas las áreas, no solo en una o dos. Así como no decimos que un cuerpo humano está sano si todos los sistemas funcionan bien, excepto el corazón, de la misma manera, la salud de la iglesia y de las células requiere equilibrio y necesita que todas las áreas funcionen normalmente.

Jim Egli ha estado desarrollando una herramienta para encontrar eslabones débiles durante los últimos veinte años. En thrivingsmallgroups.com proporcionamos una forma de determinar el obstáculo más debilitante de la célula que impide la formación de una célula saludable y exitosa.

Revisamos y volvimos a revisar las preguntas para proporcionar los resultados más precisos. Hemos reducido las preguntas de la encuesta a 35 de las 110 originales. Después de responder esas preguntas, tu célula descubrirá sus fortalezas y debilidades. De esta manera, puedes trabajar en el eslabón más débil, esa área en tu célula que evita que tu reunión sea exitosa. Las células exitosas son saludables en cada una de las áreas.

La buena noticia es que es gratis. Esto facilitará que las células descubran su eslabón más débil, el área donde necesitan trabajar más.

Apéndice Dos:
Diseño de la Investigación

He usado mucho la analogía de las plantas para describir las células exitosas, pero una analogía corporal es similar. No es suficiente tener un buen corazón si los pulmones no funcionan o si los riñones funcionan bien mientras la sangre es propensa a la coagulación. La buena salud celular resulta a partir de una experiencia normal general. Nuestra encuesta ayuda a determinar las debilidades en esa experiencia.

Jim Egli escribió un excelente libro, junto con Dwight Marble, llamado *Las Células y su Gran Impacto*. Los autores sondearon a 3000 líderes celulares sobre qué hace y qué no hace que las células crezcan.

La investigación original de Egli con Dwight Marble es sólida, pero no fue lo suficientemente profunda. Decidimos hacer preguntas adicionales sobre la oración, el refrigerio, frecuencia y duración de las reuniones y otros elementos. Es cierto que la investigación anterior nos proporcionó una sólida base de datos, pero aún era necesario refinarla con respuestas de preguntas más profundas y relevantes.

Basándose en el Estudio Original de Egli

En 2016, Jim Egli y Joel Comiskey agregaron 1800 nuevas encuestas de líderes que hablan inglés, portugués, español y chino. Agregar células en idiomas diferentes amplía la investigación y nos ayuda a generalizar para un público más amplio. Añadimos esta nueva investigación a la investigación previa de Egli de más de 3.000 líderes celulares, por lo que las correlaciones son bastante significativas. Una vez más, nuestro objetivo era profundizar más en la célula, lo que hace o no una célula saludable y exitosa.

Nuestro objetivo fue descubrir qué incluían los líderes en la reunión, qué hacían para prepararse para la reunión, qué tanto se preocupaban por sus miembros y qué hacía la célula para evangelizar. Investigamos nuevas áreas como la adoración, el material de estudio bíblico, los rompehielos, la ministración, la oración por los inconversos y el tiempo de refrigerio. Queríamos conocer los factores críticos que crean células exitosas.

También hicimos preguntas sobre la comprensión de los líderes acerca de la gracia de Dios para ellos y para los demás, y preguntas sobre la sensibilidad al Espíritu Santo. Queríamos saber si estos factores eran más importantes que los comportamientos mismos (Orar, Alcanzar, Cuidar, Empoderar).

Cómo Llegamos a Nuestros Hallazgos

En estudios anteriores, tratamos de correlacionar el comportamiento del líder con el crecimiento, áreas como la vida devocional del líder y la evangelización con respecto a si la célula se multiplicó o no. Las correlaciones son comunes en estudios estadísticos y son válidas. Pero también pueden ser engañosas. Por ejemplo, durante años, los estadísticos pensaron que el café era malo para la salud porque las correlaciones parecían indicar esto. Con lo que no contaron fue que los fumadores beben más café que los que no fuman. De modo que las correlaciones negativas entre el café y la vida acortada no se debieron al café en sí, sino a una fuerte relación entre fumar y beber café. Cuando se comparó a los fumadores que bebían café con los que no fuman, y los que no fuman y beben café se compararon con los que no bebían café, se hizo evidente que, en lugar de tener un efecto negativo sobre la longevidad, beber café tiene un impacto ligeramente positivo en cuánto tiempo vive la gente.

Debido a que las correlaciones pueden ser engañosas, nuestra investigación utilizó dos formas más avanzadas de análisis estadístico: análisis factorial y análisis de ruta. El análisis factorial utiliza múltiples preguntas para medir cada característica clave de la célula, haciendo que las mediciones sean más precisas y confiables. El análisis de ruta analiza múltiples factores a la vez para descubrir qué correlaciones son realmente causales.

Estos datos y análisis en esta ronda de investigación nuevamente señalaron cuatro factores celulares centrales que crean células exitosas. En libros anteriores etiquetamos estos cuatro factores como Hacia Arriba, Hacia Adentro, Hacia Afuera y Hacia Adelante. Luego, más recientemente, usando verbos de acción: Orar, Cuidar, Alcanzar y Empoderar. Pero esta vez usamos un tipo de análisis estadístico más avanzado llamado MPlus que analiza el complejo general de factores y cómo se relacionan entre sí. Esto reveló un factor global más amplio que abarca esos cuatro factores, el cual llamamos simplemente Salud Celular.

Nuestro análisis de datos de células usando análisis multifactorial reveló que la oración, el cuidado/afecto, el evangelismo y el empoderamiento juntos crearon un factor más grande mejor etiquetado simplemente como "salud celular" el cual es necesario para el crecimiento celular sostenido.

Para ver las preguntas y realizar la encuesta, consulta http://thrivingsmallgroups.com. Para obtener información sobre las preguntas exactas que usamos o más detalles sobre el diseño de la investigación, escribe a: info@joelcomiskeygroup.com.

Notas Finales

1. Principio 70-30: el líder celular habla solo el 30 por ciento del tiempo, mientras que los miembros comparten el 70 por ciento del tiempo. Esta debería ser la meta de cada líder celular.

2. Roland Allen, *Métodos misioneros: ¿Los de Pablo o los Nuestros?* (Grand Rapids: Publicaciones Eerdmans, 1962), pp. 84-94.

3. *Sinónimos de Facilitar:* ayuda, potenciar, lubricar, suavizar, hacer posible, suavizar el progreso.

4. *Estudio inductivo de la Biblia.* "El estudio inductivo de la Biblia implica la observación, la interpretación y la aplicación de un versículo o versículos de la Biblia. Se lleva a cabo cuando una persona saca conclusiones basadas en el claro significado bíblico, en lugar de simplemente aceptar el comentario de una autoridad bíblica externa.

5. Barbara J. Fleischer, *Facilitando el Crecimiento* (Collegeville, MN: La Imprenta Litúrgica, 1993), p. 21.

6. *Variedad de dones entre los líderes celulares:* cuando encuesté a 700 líderes celulares en ocho países, descubrí que ningún don especial distinguía a

aquellos que podían multiplicar su célula de los que no podían. Así es como los líderes describieron sus propios dones:

Enseñanza	25.1%
Liderazgo	20.3%
Evangelismo	19.0%
Cuidado Pastoral	10.6%
Misericordia	10.6%
Otros	14.4%

Ningún don en particular se destacó como más importante. Los líderes celulares con el don de enseñar no eran más propensos a multiplicar su célula que aquellos con el don de la misericordia. No había un don especial del Espíritu, como el evangelismo, que distinguiera a aquellos que podían multiplicar sus células de los que no podían.

7. *Excusas comunes para no dirigir una célula:*

Excusa #1: "Tengo muy poco tiempo". Todos tenemos la misma cantidad de tiempo para invertir, la pregunta clave es cómo invertirlo.

Excusa #2: "No he sido entrenado." Los requisitos previos básicos para dirigir una célula eficaz incluyen: Amor por Jesús, amor por su Palabra, y un deseo de ministrar a otros. Los líderes celulares nunca sienten que tienen suficiente conocimiento. Todos los líderes celulares están creciendo y aprendiendo.

Excusa #3: "No soy lo suficientemente maduro en el Señor". Si eres un joven cristiano, hambriento de Jesús, con el deseo de servirle, dirigir una célula proporcionará un paso importante en tu crecimiento espiritual.

8. Joel Comiskey, *Explosión de la Reunión Celular* (Houston, TX: Publicaciones Touch, 1998), p. 73.

9. *Encuesta sobre la influencia cristiana* El Instituto para el Crecimiento de la Iglesia Estadounidense realizó una encuesta entre 14,000 personas de una variedad de iglesias y denominaciones, preguntándoles "¿Quién o qué fue responsable de su llegada a Cristo y a la iglesia?" Los resultados:

Una necesidad especial	1-2%
Sólo llegué	2-3%
Pastor	5-6%
Visitación en la casa	1-2%
Escuela Dominical	4-5%
Cruzada Evangelística	0.5%
Evento de la Iglesia	2-3%
Un Amigo o Pariente	75-90%

(fuentes: *Haciendo Amigos para Cristo* de Wayne McDill, Nashville, TN: Imprenta Broadman, 1979, p. 28 & Jim Egli en *Círculo de Amor*).

10. *Actos de bondad al azar:* Alton P. LaBorde Sr. escribe: Una de las formas clave en que he conocido e invitado a peronas a la célula es ayudando a personas extrañas que están en proceso de mudarse. Pueden tener un camión o un remolque cargado con muebles, y yo simplemente los sigo hasta su destino y los ayudo a descargar. En varias ocasiones, he usado mi camión y un remolque de casi cinco metros de laı go para ayudarlos *(Revista de la Iglesia Celular,* verano de 1999, p.13).

11. Peggy Kannaday, ed. *Crecimiento de la Iglesia y el Sistema Celular en las Casas* (Seúl, Corea: Crecimiento de la Iglesia Internacional, 1995), p.19.

12. Dale Galloway, *Visión 20-20,* (Portland, OR: Publicaciones Scott, 1986) p. 144.

13. *¿Qué es un Oikos?* La palabra *oikos* se encuentra repetidamente en el Nuevo Testamento, y generalmente se traduce como hogar. Hoy, la palabra se usa para referirse al grupo principal de amigos de uno: aquellos que se relacionan directamente con nosotros a través de la familia, el trabajo, la recreación, los pasatiempos y los vecinos.

14. *Como Orar por Inconversos, Ora porque Dios:*
- Les de hambre de Cristo.
- Quite las barreras que les impiden responder a Cristo.
- Les bendiga en cada área de sus vidas.
- Permita que el Espíritu Santo haga que Jesús sea real en sus vidas.

15. *Orando por los Inconversos* (Karen Hurston, "Preparándose para el Alcance a través de la Oración Basada en el Evangelismo", *Redes Celulares,* julio de 2000)
- *La oración de "silla vacía":* deja una silla vacía durante cada reunión celular para representar a uno o más amigos inconversos. Pide a los miembros de tu célula que se reúnan alrededor de la silla y oren por la salvación de las personas perdidas en sus *oikos* (esfera de influencia).
- *Compañeros de oración:* empareja a los miembros de la célula que orarán diariamente por los amigos inconversos del otro. Estos socios pueden rendirse cuentas unos a otros.
- *Oración de concierto para los perdidos:* ¡Presenta un nuevo tipo de oración a tu célula! En tu próxima reunión, pídeles que se pongan de pie y oren en voz alta al mismo tiempo por la salvación de amigos perdidos específicos. ¡Puede ser ruidoso, pero es un poderoso "estruendo" de oración que pone a Satanás en aviso!
- *Caminata de oración:* Camina en pareja por una comunidad específica, orando para que la salvación llegue a cada hogar o apartamento que pases. Esta es una gran manera de preparar un nuevo hogar anfitrión para tus reuniones celulares.

- *Crea un cartel de "Lista de bendición" o "Más buscados"*: usa un cartel preimpreso o un trozo de papel grande y escribe los nombres de las personas inconversas en él. Ponlo en la pared y ora por estas personas cada semana, haciendo planes para conectarlas a los miembros entre las reuniones.

16. *Pasos para Alcanzar* (obtuve los pasos básicos del artículo de Janet Firebaugh, "Pescando Juntos", *Dinámica de la Reunión Celular* (Red Celular, octubre de 1999).

- Cada miembro tiene como objetivo un contacto no cristiano (por ejemplo, un miembro de la familia, un socio del trabajo, un vecino, etc.).
- Cada miembro de la célula se compromete (durante el tiempo de Obras) a iniciar contacto con esa persona dentro de las próximas semanas con el propósito de construir su relación. Invita a estos no cristianos a tu vida antes de invitarlos a la célula. Intenta hacer cosas con ellos y ponte a su servicio en el proceso.
- Durante cada reunión (durante el tiempo de Obras), los miembros comparten lo que sucedió con sus contactos.
- La célula ora diligentemente por estas personas, así como por que el miembro de la célula continúe iniciando contacto. Ora para que Dios ablande los corazones de los amigos no cristianos. Pídele a Jesús que cree oportunidades para la construcción de amistades. Pídele a Dios que aclare cuándo es el momento adecuado para invitar a tus amigos a tu célula.
- Un "evento de cosecha" se programa para un mes después. La idea es planificar una función celular "neutral": una cena, un picnic, un almuerzo de mujeres, una fiesta de pizza, un video, etc. Un retiro de un día o funciones sociales que incluyan un breve devocional pueden ser maneras de introducir a tus amigos a los aspectos espirituales de la célula.
- Los miembros comienzan a invitar a sus contactos al evento de cosecha. Haz que tu evento de cosecha sea sensible con los inconversos. Haz todo lo posible para que todos se sientan bienvenidos.
- Promueve la importancia de la vida celular al hablar sobre los beneficios de la célula. Siempre puedes hablar sobre los muchos beneficios de la célula para tu propia vida.
- Vuelve a invitar a tu amigo a la célula cuando surja la oportunidad. A través de la oración continua y el seguimiento, muchos invitados continúan asistiendo a la célula y finalmente al culto del domingo.

17. Cho citado en Karen Hurston, Formando la Iglesia Más Grande del Mundo (Springfield, MI: Chrism, 1994, p. 107.

18. Ideas creativas para invitar a no cristianos:
- Comienza con una barbacoa. Muchos vendrán a una barbacoa antes de asistir a una célula.
- Ten la reunión en el hogar del miembro que planea invitar a una nueva persona. Es mucho más fácil para una persona no cristiana ir a la "casa de un amigo", en lugar de asistir a una reunión en la casa de un extraño.
- Ten una noche de rompehielos. Esto podría incluir juegos en grupo interactivos.
- Muestra el video de Jesús con el propósito de invitar a los no cristianos a asistir.
- Ve partes de un video secular que se presta a preguntas con significado eterno.
- Planifica un retiro con tu célula; ve en un paseo en bicicleta en grupo; invita a amigos no cristianos a unirse a la diversión con ustedes.
- Llena tus sillas vacías. Usa algunas de las ideas anteriores para invitar a nuevas personas a tu célula.
- Mira alrededor el domingo por la mañana. Invita a alguien nuevo o alguien que aún no esté en una célula.

19. La Célula Mateo: la Célula Mateo es una ruptura en el ciclo celular habitual en el que se presta plena atención a las personas en nuestras vidas que necesitan a Cristo, o necesitan seguirlo más en serio. Establecer un tiempo especial para enfocarse en las personas en nuestro *oikos* (esfera de influencia) es esencial para ayudar a los miembros de tu célula a perseverar con los incrédulos en sus vidas. Una nota importante: aunque usted puedes tener reuniones periódicas especiales, como la de Mateo, que se centran en el alcance, nunca renuncies al tiempo semanal de "compartir la visión" en tu célula, donde articulas la meta de la célula de multiplicar discípulos. Debemos alentarnos regularmente a seguir adelante con nuestras relaciones.

20. Mikel Neuman, *Grupos Celulares para la Cultura Urbana* (Pasadena, CA: Biblioteca William Carey, 1999) p. 82.

21. Usado con el permiso de "Búsqueda del sistema pastoral perfecto", pág. 4. El pastor Harold F. Weitsz es el pastor de Little Fall Christian Center (Centro Cristiano Little Fall), Little Falls, Roodepoort, Sudáfrica. En la actualidad, hay 2500 miembros y 200 células.

22. Glen Martin & Gary McIntosh, *Creando Comunión* (Nashville, TN: Publicaciones Broadman & Holman, 1997), p. 113.

23. Howard A. Snyder, *El Wesley Radical* (Downers Grove, IL: Imprenta Inter-Varsity, 1980), pp. 57,63 como es citado en Larry Kreider, *De Casa en Casa* (Houston, TX: Publicaciones Touch, 1995), p. 24.

24. Stephen Pile, *El Libro de los Fracasos*, citado en Terry Powell, *¡Puedes Dirigir una Reunión de Discusión Bíblica!* (Sisters, OR: Libros Mulnomah, 1996) p. 14.

25. Tomado del artículo de Greg Lee, "La Clave del Crecimiento: Multiplicación", revista Cell Church, invierno, 1996: 15.

26. James M. Kouzes & Barry Z. Posner, p. 69.

27. Mark Glanville, "Jesús pasó por los evangelios comiendo, ¿has comido con un recaudador de impuestos recientemente?" Blogpost el 20 de julio de 2012 en https://markrglanville.wordpress.com/2012/07/20/jesus-ate-his-way-through-the-gospels-eaten-with-a-tax-collector-recently/

28. Algunos dirían que incluir una comida toma demasiado tiempo y desanima a la gente. Sin embargo, nuestra investigación reveló que la duración de la reunión mostró una correlación positiva con las personas que se unen a la célula. Aparentemente, las células que se reúnen por más tiempo experimentan más comunión que atrae a las personas a la célula. También hubo una modesta correlación positiva con la multiplicación de liderazgo y una leve correlación negativa con el número de conversiones. Aparentemente, los grupos celulares que se reúnen por más tiempo experimentan más comunión que atrae nuevas personas, y las reuniones más largas brindan más oportunidades para el desarrollo del liderazgo, pero la gente tiene un poco más de dudas para invitar a inconversos a una reunión más larga.

29. Casi el doble de líderes celulares en células de alcance reportó un alto nivel de intimidad (79%) en comparación con células cerradas que no evangelizaron (41%).

30. W.E. Vine y F.F. Bruce, *Diccionario Expositivo de Vine de Palabras del Antiguo y Nuevo Testamento*: W.E. Vine; Antiguo Testamento editado por F.F. Bruce (Old Tappan, N.J .: Revell, 1981). Vine define la palabra PROFETA (προφητεία), (4394) como el hablar de la mente y el consejo de Dios: (pro, adelante, phēmi, hablar: ver profeta); en el Nuevo Testamento se usa (a) del don, por ejemplo, Romanos 12: 6; 1 Corintios 12:10; 13: 2; (b) ya sea del ejercicio del don o de lo que está profetizado, por ejemplo, Mateo 13:14; 1 Corintios 13: 8; 14: 6, 22 y 1 Tesalonicenses 5:20, "profetizar (es)", 1 Timoteo 1:18; 4:14; 2 Pedro 1:20, 21; Apocalipsis 1: 3; 11: 6; 19:10; 22: 7, 10, 18, 19. Vine dice: "Aunque gran parte de la profecía del Antiguo Testamento era puramente predictiva, ver Miqueas 5: 2, por ejemplo, y cp. Juan 11:51, la profecía no es necesariamente, ni siquiera primordialmente, precursora. Es la declaración de eso que no se puede conocer por medios naturales, Mateo 26:68, es la cuarta lectura de la voluntad de Dios, ya sea con referencia al pasado, presente o futuro, ver Génesis 20: 7; Deuteronomio 18:18; Apocalipsis 10:11; 11: 3. "

31. Ralph Neighbor, cinta de audio. De Estructuras a la Encarnación de Cristo, 2003. Presentado en Houston y accesible en línea en http://www.touchusa.org/avtraining.asp.

32. *Evangelismo Celular* (Pasadena, CA: Seminario Teológico Fuller, 1996).

33. Peace, p. 27.

34. La puerta de Sam Shoemaker

Admiro a las personas que van por allí.

Pero desearía que no olvidaran cómo fue

Antes de entrar. Entonces podrían ayudar a

Las personas que aún no han encontrado la puerta;

O las personas que quieren huir de Dios.

Puedes adentrarte demasiado, y quedarte demasiado tiempo,

Y olvidar a la gente afuera de la puerta.

En cuanto a mí, tomaré mi lugar acostumbrado,

Lo suficientemente cerca de Dios para escucharlo, y saber que Él está allí,

Pero no tan lejos de los hombres como para no escucharlos,

Y recordar que ellos están allí también.

¿Dónde? Fuera de la puerta -

Miles de ellos, millones de ellos.

Pero, más importante para mí,

Uno de ellos, dos de ellos, diez de ellos.

Cuyas manos tengo la intención de poner en el pestillo.

Así que me quedaré junto a la puerta y esperaré

Para aquellos que lo buscan.

"Prefiero ser un guardián de la puerta . . ."

Así que me quedo cerca de la puerta.

35. 10 Razones para No Evangelizar (Jimmy Long, Anny Beyerlein, Sara Keiper, Patty Pell, Nina Thiel y Doug Whalon, *Manual del Líder Celular*, Downer's Grove, ILL: Imprenta InterVarsity, 1995, p. 87)

- Si las personas comienzan a convertirse en cristianas, necesitaremos un cuarto más grande para reunirnos.
- Orar para que dos amigos lleguen a conocer a Jesús no está en la descripción de mi trabajo.
- Si todos en mi célula quieren ir a la India este verano, tendré que ir también.
- Tomar riesgos no es bueno para mi disposición.
- Si somos conocidos como cristianos en nuestro dormitorio, las personas pueden comenzar a hacernos preguntas sobre nuestra fe.
- El avivamiento no está en mi plan de un año.
- Servir a los pobres puede hacerme sentir incómodo con mi estilo de vida.
- Si nuestra célula se mantiene pequeña, todo estará bajo control.
- Hablarle a la gente acerca de Jesús no es políticamente correcto.
- Confiar en Dios para usar nuestra célula para hacer una diferencia en el campus, en la comunidad y en el mundo es demasiado pedir.

36. Howard A. Snyder, *El Wesley Radical y los Patrones para la Renovación de la Iglesia* (Downers Grove, IL: Imprenta Inter-Varsity, 1980), p. 55.

37. Eddie Gibbs, *Sigue la Iglesia* (Downer's Grove, IL: Imprenta InterVarsity, 2000), p. 183.

38. Larry Crabb, *Conectando* (Nashville: Publicaciones Word, 1997), p. 31.

39. No se trata de ignorar el papel vital que desempeñan los enfermeros, terapeutas y psicólogos experimentados y profesionales en la curación de las personas heridas o dañadas. Algunos traumas que las personas experimentan requieren la ayuda de un experto.

40. David Lowes Watson, *La Reunión de Clase Metodista Primitiva* (Nashville, TN: Recursos de Discipulado, 1987), pp. 193–195.

41. Ibid., Ubicación en Kindle 802–808.

42. Las Publicaciones Touch venden un libro completamente dedicado a los rompehielos (llama a 1-800-735-5865 o ingresa en www.touchusa.org) NavPress vende un excelente libro llamado *Las 101 Ideas para Grupos Celulares* (Colorado Springs, CO: NavPress Grupo de Publicación, 1996; http://www.navpress.com/. La Biblia Serendipia está llena de preguntas rompehielos: http://www.serendipityhouse.com/pages/home.html

43. Stephen J. Dubner y Steven D. Levitt, "Nace una Estrella," *Revista del New York Times* (7 de mayo, 2006). Accesado en: http://www.nytimes.com/2006/05/07/magazine/07wwln_freak.html

44. Jim Collins, De Bueno a Grandioso (Nueva York, NY: Editorial HarperCollins 2001), p. 14.

45. Citas de liderazgo de Colin Powell http://www.leadershipgeeks.com/colin-powell-leadership/. Accesado el sábado, 30 de diciembre de 2017.

Recursos por
Joel Comiskey

Se puede conseguir todos los libros listados de *"Joel Comiskey Group"* llamando al 1-888-511-9995 por hacer un pedido por Internet en www.joelcomiskeygroup.com

Como dirigir un grupo celular con éxito:
para que las personas quieran regresar
¿Anhela la gente regresar a vuestras reuniones de grupo cada semana? ¿Os divertís y experimentáis gozo durante vuestras reuniones? ¿Participan todos en la discusión y el ministerio? Tú puedes dirigir una buena reunión de célula, una que transforma vidas y es dinámica. La mayoría no se da cuenta que pu- ede crear un ambiente lleno del Señor porque no sabe cómo. Aquí se comparte el secreto. Esta guía te mostrará cómo:

- Prepararte espiritualmente para escuchar a Dios durante la reunión
- Estructurar la reunión para que fluya
- Animar a las personas en el grupo a participar y compartir abiertamente sus vidas
- Compartir tu vida con otros del grupo
- Crear preguntas estimulantes
- Escuchar eficazmente para descubrir lo que pasa en la vida de otros
- Animar y edificar a los demás miembros del grupo
- Abrir el grupo para recibir a los no-cristianos
- Tomar en cuenta los detalles que crean un ambiente acogedor.

Al poner en práctica estas ideas, probadas a través del tiempo, vuestras reuniones de grupo llegarán a ser lo más importante de la semana para los miembros. Van a regresar a casa queriendo más y van a regresar cada semana trayendo a personas nuevas con ellos. 140 páginas.

La explosión de los grupos celulares en los hogares: *Cómo su grupo pequeño puede crecer y multiplicarse*

Este libro cristaliza las conclusiones del autor en unas 18 áreas de investigación, basadas en un cuestionario meticuloso que dio a líderes de iglesias celulares en ocho países alrededor del mundo— lugares que él personalmente visitó para la investigación. Las notas detalladas al fin del libro ofrecen al estudiante del crecimiento de la iglesia celular una rica mina a seguir explorando. Lo atractivo de este libro es que no sólo resume los resultados de su encuesta en una forma muy convincente sino que sigue analizando, en capítulos separados, muchos de los resultados de una manera práctica. Se espera que un líder de célula en una iglesia, una persona haciendo sus prácticas o un miembro de célula, al completar la lectura de este libro fácil de leer, ponga sus prioridades/valores muy claros y listos para seguirlos. Si eres pastor o líder de un grupo pequeño, ¡deberías devorar este libro! Te animará y te dará pasos prácticos y sencillos para guiar un grupo pequeño en su vida y crecimiento dinámicos. 175 páginas.

Una cita con el Rey: *Ideas para arrancar tu vida devocional*

Con agendas llenas y largas listas de cosas por hacer, muchas veces la gente pone en espera la meta más importante de la vida: construir una relación íntima con Dios. Muchas veces los creyentes quieren seguir esta meta pero no saben como hacerlo. Se sienten frustrados o culpables cuando sus esfuerzos para tener un tiempo devocional personal parecen vacíos y sin fruto. Con un estilo amable y una manera de escribir que da ánimo, Joel Comiskey guía a los lectores sobre cómo tener una cita diaria con el Rey y convertirlo en un tiempo emocionante que tienes ganas de cumplir. Primero, con instrucciones paso-a-paso de cómo pasar tiempo con Dios e ideas prácticas para experimentarlo con más plenitud, este libro contesta la pregunta, "¿Dónde debo comenzar?". Segundo, destaca los beneficios de pasar tiempo con Dios, incluyendo el gozo, la victoria sobre el pecado y la dirección espiritual. El libro ayudará a los cristianos a hacer la conexión con los recursos de Dios en forma diaria para que, aún en medio de muchos quehaceres, puedan caminar con él en intimidad y abundancia. 175 páginas.

Recoged la cosecha: *Como el sistema de grupos pequeños puede hacer crecer su iglesia*

¿Habéis tratado de tener grupos pequeños y habéis encontrado una barrera? ¿Os habéis preguntado por qué vuestros grupos no producen el fruto prometido? ¿Estáis tratando de hacer que vuestros grupos pequeños sean más efectivos? El Dr. Joel Comiskey, pastor y especialista de iglesias celulares, estudió las iglesias celulares más exitosas del mundo para determinar por qué crecen.

La clave: han adoptado principios específicos. En cambio, iglesias que no adoptan estos principios tienen problemas con sus grupos y por eso no crecen. Iglesias celulares tienen éxito no porque tengan grupos pequeños sino porque los apoyan. En este libro descubriréis cómo trabajan estos sistemas. 246 páginas.

La Explosión de la Iglesia Celular: Cómo Estructurar la Iglesia en *Células Eficaces* (Editorial Clie, 2004)

Este libro se encuentra sólo en español y contiene la investigación de Joel Comiskey de ocho de las iglesias celulares más grandes del mundo, cinco de las cuales están en Latinoamérica. Detalla cómo hacer la transición de una iglesia tradicional a la estructura de una iglesia celular y muchas otras perspicacias, incluyendo cómo mantener la historia de una iglesia celular, cómo organizar vuestra iglesia para que sea una iglesia de oración, los principios más importantes de la iglesia celular, y cómo levantar un ejército de líderes celulares. 236 páginas.

Grupos de doce: *Una manera nueva de movilizar a los líderes y multiplicar los grupos en tu iglesia*

Este libro aclara la confusión del modelo de Grupos de 12. Joel estudió a profundidad la iglesia Misión Carismática Internacional de Bogotá, Colombia y otras iglesias G12 para extraer los principios sencillos que G12 tiene para ofrecer a vuestras iglesias. Este libro también contrasta el modelo G12 con el clásico 5x5 y muestra lo que podéis hacer con este nuevo modelo de ministerio. A través de la investigación en el terreno, el estudio de casos internacionales y la experiencia práctica, Joel Comiskey traza los principios del G12 que vuestra iglesia puede ocupar hoy. 182 páginas.

De doce a tres: *Cómo aplicar los principios G12 a tu iglesia*

El concepto de Grupos de 12 comenzó en Bogotá, Colombia, pero ahora se ha extendido por todo el mundo. Joel Comiskey ha pasado años investigando la estructura G12 y los principios que la sostienen. Este libro se enfoca en la aplicación de los principios en vez de la adopción del modelo entero. Traza los principios y provee una aplicación modificada que Joel llama G12.3. Esta propuesta presenta un modelo que se puede adaptar a diferentes contextos de la iglesia. La sección final ilustra como implementar el G12.3 en diferentes tipos de iglesias, incluyendo plantaciones de iglesias, iglesias pequeñas, iglesias grandes e iglesias que ya tienen células. 178 paginas.

Explosión de liderazgo: *Multiplicando líderes de células para recoger la cosecha*

Algunos han dicho que grupos celulares son semilleros de líderes. Sin embargo, a veces, aún los mejores grupos celulares tienen escasez de líderes. Esta escasez impide el crecimiento y no se recoge mucho de la cosecha. Joel Comiskey ha descubierto por qué algunas iglesias son mejores que otras en levantar nuevos líderes celulares. Estas iglesias hacen más que orar y esperar nuevos líderes. Tienen una estrategia intencional, un plan para equipar rápidamente a cuantos nuevos líderes les sea posible. En este libro descubriréis los principios basados de estos modelos para que podáis aplicarlos. 202 páginas.

Elim: *Cómo los grupos celulares de Elim penetraron una ciudad entera para Jesús*

Este libro describe como la Iglesia Elim en San Salvador creció de un grupo pequeño a 116.000 personas en 10.000 grupos celulares. Comiskey toma los principios de Elim y los aplica a iglesias en Norteamérica y en todo el mundo. 158 páginas.

Cómo ser un excelente asesor de grupos celulares: *Perspicacia práctica para apoyar y dar mentoría a lideres de grupos celulares*

La investigación ha comprobado que el factor que más contribuye al éxito de una célula es la calidad de mentoría que se provee a los líderes de grupos celulares. Muchos sirven como entrenadores, pero no entienden plenamente qué deben hacer en este trabajo. Joel Comiskey ha identificado siete hábitos de los grandes mentores de grupos celulares. Éstos incluyen: Animando al líder del grupo celular, Cuidando de los aspectos múltiples de la vida del líder, Desarrollando el líder de célula en varios aspectos del liderazgo, Discerniendo estrategias con el líder celular para crear un plan, Desafiando el líder celular a crecer. En la sección uno, se traza las perspicacias prácticas de cómo desarrollar estos siete hábitos. La sección dos detalla cómo pulir las destrezas del mentor con instrucciones para diagnosticar los problemas de un grupo celular. Este libro te preparará para ser un buen mentor de grupos celulares, uno que asesora, apoya y guía a líderes de grupos celulares hacia un gran ministerio. 139 páginas.